Friedhelm Hülshoff / Rüdiger Kaldewey

# Training
# Erfolgreich lernen
# und arbeiten

## Techniken und Methoden geistiger Arbeit

Beilage: Arbeitsblätter und Lösungen

Ernst Klett Verlag
Stuttgart Düsseldorf Leipzig

Der vorliegende Band ist eine völlig neubearbeitete Ausgabe von „Training Rationeller lernen und arbeiten" derselben Autoren.

 Gedruckt auf Papier, welches aus Altpapier hergestellt wurde

Die Deutsche Bibliothek – CIP-Einheitsaufnahme
**Hülshoff, Friedhelm:**
Training Erfolgreich lernen und arbeiten : Techniken und Methoden geistiger Arbeit / Friedhelm Hülshoff ; Rüdiger Kaldewey. –
3. Aufl. – Stuttgart ; Düsseldorf ; Leipzig : Klett, 1999
  ISBN 3-12-892020-6

3. Auflage 1999
Alle Rechte vorbehalten
Fotomechanische Wiedergabe nur mit Genehmigung des Verlages
© Ernst Klett Verlag für Wissen und Bildung GmbH, Stuttgart 1994
Internetadresse: http://www.klett-verlag.de/klett-lerntraining
E-Mail: klett-kundenservice@klett-mail.de
Gesamtherstellung: Wilhelm Röck, Weinsberg
Grafik: Elie Nasser, Düsseldorf
Einbandgestaltung: Bayerl & Ost, Frankfurt/M.
ISBN 3-12-892020-6

# Inhalt

| | | |
|---|---|---|
| 1 | Einleitung | 7 |
| 2 | Überprüfen Sie Ihre Zeiteinteilung und genießen Sie Ihre Freizeit! | 8 |
| 2.1 | Warum Zeitplanung? | 8 |
| 2.2 | Hilfsmittel und Regeln zur Zeitplanung | 10 |
| 2.3 | Selbstkontrolle: Wie teile ich meine Zeit ein? | 11 |
| 2.4 | Langfristige, mittelfristige und kurzfristige Zeitpläne | 15 |
| 3 | Organisieren Sie Ihren Arbeitsplatz! | 20 |
| 3.1 | Der Arbeitsplatz zu Hause | 20 |
| 3.2 | Arbeitsmaterial | 22 |
| 3.3 | Der Handapparat | 23 |
| 3.4 | Ordnungs- und Organisationssysteme | 24 |
| 3.4.1 | Sammelordner | 25 |
| 3.4.2 | Karteisysteme | 25 |
| 4 | Surfen im Internet | 32 |
| 4.1 | Technische Voraussetzungen | 34 |
| 4.2 | Suchen von Informationen | 35 |
| 4.3 | Speichern von Informationen | 38 |
| 5 | Aktive Mitarbeit in Unterricht, Seminar und Vorlesung | 40 |
| 5.1 | Vom rezeptiven zum aktiven Lernen | 40 |
| 5.2 | Aktives Lernen | 41 |
| 5.2.1 | Lernen im Vorgriff | 43 |
| 5.2.2 | Zuhören – Mitdenken – Mitreden – Mitschreiben | 44 |
| 5.3 | Mitschreiben – aber wie? | 48 |
| 5.3.1 | Form der Mitschrift | 50 |
| 5.3.2 | Ratschläge und Regeln zum Mitschreiben | 52 |
| 5.3.3 | Abkürzungen | 55 |
| 5.4 | Verlaufsprotokolle – Ergebnisprotokolle – Versuchsprotokolle | 58 |
| 5.5 | Nachbereitung / Hausaufgaben | 62 |
| 5.5.1 | Warum Hausaufgaben? | 62 |
| 5.5.2 | Wann Hausaufgaben? | 63 |
| 5.5.3 | Wieviel Zeit für Hausaufgaben? | 64 |
| 5.5.4 | Hausaufgaben sinnvoll erledigen | 66 |

| | | |
|---|---|---|
| **6** | **Bibliotheken und sonstige Informationsquellen** | 68 |
| 6.1 | Informationsstellen | 68 |
| 6.2 | Das System der Bibliotheken | 70 |
| 6.3 | Die Dienstleistungen der Bibliotheken | 71 |
| 6.4 | Kataloge und Bibliographien | 72 |
| 6.4.1 | Kataloge | 72 |
| 6.4.2 | Bibliographien | 74 |
| 6.5 | Literatursuche | 74 |
| **7** | **Fachliteratur rationell erarbeiten** | 79 |
| 7.1 | Lesemethoden: Die Drei-Schritt- und Fünf-Schritt-Methode | 80 |
| 7.2 | Exzerpieren und Markieren | 85 |
| 7.2.1 | Exzerpieren | 85 |
| 7.2.2 | Markieren | 87 |
| **8** | **Fach- und Seminararbeit** | 90 |
| 8.1 | Zweck, Begriff und Arten der wissenschaftlichen Arbeit | 90 |
| 8.2 | Formale Kennzeichen wissenschaftlicher Arbeiten | 92 |
| 8.3 | Zitate und Anmerkungen | 97 |
| 8.4 | Zeitplanung | 103 |
| 8.5 | Stoffverarbeitung und Manuskript | 104 |
| 8.5.1 | Materialauswertung | 104 |
| 8.5.2 | Gliederung | 105 |
| 8.5.3 | Niederschrift | 108 |
| 8.5.4 | Äußere Form der Arbeit | 110 |
| **9** | **Mündliche Referate und Visualisierungstechniken** | 113 |
| 9.1 | Planung des Referats | 114 |
| 9.2 | Die Vorbereitung des mündlichen Referats | 116 |
| 9.3 | Selbstgestaltete Folien | 122 |
| **10** | **Prüfungen ohne Streß** | 131 |
| 10.1 | Formen, Zweck und Bedeutung von Prüfungen | 131 |
| 10.2 | Planung von Prüfungen | 133 |
| 10.2.1 | Langfristige Prüfungsplanung | 133 |
| 10.2.2 | Mittelfristige Prüfungsplanung | 134 |
| 10.2.3 | Kurzfristige Prüfungsplanung | 135 |
| 10.3 | Prüfungsverhalten | 137 |
| 10.3.1 | Schriftliche Prüfungen | 137 |
| 10.3.2 | Mündliche Prüfungen | 138 |
| 10.4 | Gedankenflußplan | 142 |
| **Verzeichnis der verwendeten und weiterführenden Literatur** | | 145 |
| **Sachregister** | | 148 |

# Vorwort

Das vorliegende Buch ist eine vollständige Neubearbeitung unserer Lernhilfe „Training Rationeller lernen und arbeiten", die seit 1976 in 10 Auflagen erschienen ist. „Training Erfolgreich lernen und arbeiten" betont stärker als das Vorgängerbuch die Anleitung zum *eigenständigen* Arbeiten in Schule und Hochschule.
Zugunsten der Praxisorientierung und Handlungsanleitung verzichten wir weitgehend auf die Darstellung lernpsychologischer Grundlagen. Dafür haben wir eine größere Anzahl von Aufgaben, Übungen, Tests und Formblätter (mit Musterlösungen im Anhangteil) beigefügt. Wir beabsichtigen hiermit, deutlichere Hilfen für typische Lernsituationen zu geben.

Saarbrücken, Januar 1994　　　　　　Friedhelm Hülshoff, Rüdiger Kaldewey

**Die Autoren:**
Dr. Friedhelm Hülshoff, geb. 1933, ist Professor für Betriebswirtschaft an der Hochschule für Technik und Wirtschaft des Saarlandes.

Rüdiger Kaldewey, geb. 1939, ist Leiter eines Gymnasiums in Saarbrücken.

# 1 Einleitung

Dieses Buch richtet sich als Lehr- und Arbeitsbuch an Schüler und Studenten, die effektive Lernmethoden und Arbeitstechniken einüben möchten und nach Hilfen zur Bewältigung von typischen Lernanforderungen suchen.

Es kann nicht den Anspruch erfüllen, für alle Lernsituationen, Fachinteressen und Begabungsrichtungen geeignete Handlungsanweisungen zu liefern, aber es vermittelt aus Theorie und Praxis ein Repertoire rationeller Techniken und erprobter Methoden, die geeignet sind, individuelles Lernen und selbständiges Arbeiten zu fördern und zu verbessern.

Der Einübung dieser Techniken und Methoden dienen Aufgaben, Übungen und Formblätter zu den einzelnen Kapiteln. Die **Aufgaben** können und sollten sogleich bearbeitet werden; **Übungen** sind längerfristig angelegt; **Tests** dienen der Erfassung eines Zustands.

Neben der Vermittlung grundlegender, fachübergreifender Lerntechniken und Methoden findet der Benutzer konkrete Hilfen für typische Lernsituationen und Leistungsanforderungen.

Die frühzeitige Aneignung und Einübung von Lern- und Arbeitstechniken ist die beste Voraussetzung für lebenslanges effektives Arbeiten – in Schule, Ausbildung, Beruf und Freizeit.

Für Lernende bietet das Buch folgende Verwendungsmöglichkeiten:
- Als Arbeitsbuch dient es dem Selbststudium. Zweckmäßig beginnt man mit dem Kapitel „Fachliteratur rationell erarbeiten" und übt die dort vorgeschlagenen Lese- und Arbeitstechniken bei der weiteren Lektüre ein.
- Als kleines Handbuch bietet es eine Hilfe, wenn bestimmte Aufgaben und Anforderungen (z. B. Facharbeit, Protokolle, Referate, Prüfungen usw.) geeignete Lernmethoden und Arbeitstechniken notwendig machen.
- Dem Fortgeschrittenen, der bereits bewußt oder unbewußt methodisch arbeitet, soll dies Buch Anregungen bieten, sein Arbeitsverhalten zu kontrollieren und gegebenenfalls weiter zu verbessern.

Abschließend sei bemerkt, daß Kenntnis und Anwendung von Lernmethoden und Arbeitstechniken nur _eine_ Voraussetzung für Schul- und Studienerfolge sind. Sie ersetzen nicht Intelligenz und Motivation, aber sie sind geeignet, diese optimal zu nutzen und den Lernerfolg zu steigern.

# 2 Überprüfen Sie Ihre Zeiteinteilung und genießen Sie Ihre Freizeit!

## 2.1 Warum Zeitplanung?

Gute Arbeit ist nicht einfach das Ergebnis der aufgewendeten Zeit. Untersuchungen zeigen, daß Studenten, die regelmäßig länger als der Durchschnitt ihrer Kommilitonen arbeiten, schließlich schlechtere Noten erreichten als diejenigen, welche weniger lang lernten. Daraus ist natürlich nicht der Schluß zu ziehen: Je kürzer die Lernzeit, desto größer der Lernerfolg, sondern tiefere Ursachen für dieses Ergebnis liegen in der Beobachtung, daß erfolgreiche Schüler und Studenten bessere Lernmethoden mit ökonomischer Zeitnutzung zu verbinden wissen. Sie vermeiden offenbar Fehler, die andere bei Ihrer Zeitplanung machen. Die häufigsten **Mängel und Belastungen**, mit denen Schüler und Studenten in ihrem Arbeitsverhalten und ihrer Zeiteinteilung zu kämpfen haben, sollen behandelt werden:

- **Mühe, mit der Arbeit wirklich zu beginnen**
  Wer kennt nicht die Tragikomödien, die sich an vielen Nachmittagen abspielen, wenn nach einem anstrengenden Schulmorgen und einem guten Mittagessen schließlich der Zeitpunkt kommt, da man mit der Arbeit beginnen sollte. Aber der strahlende Sonnenschein lockt eher zum Fußballspiel, zu einem Stadtbummel oder zu einem Treff mit Freunden und Freundinnen im Schwimmbad. Schließlich naht der Abend mit den Verlockungen des Fernsehens, des Gespräches, und endlich nach dem Abendkrimi gegen 21.45 Uhr bricht das schlechte Gewissen voll durch. Man setzt sich an den Schreibtisch, erledigt im Glücksfall das Notwendigste und schläft schließlich mit schlechtem Gewissen in Aussicht auf den nächsten Morgen ein.

- **Mißerfolge infolge nicht sinnvoll genutzter Zeit**
  Das Gefühl, zu wenig gearbeitet zu haben oder mehr in der gegebenen Zeit leisten zu können, mindert ganz erheblich die Freude am Lernen, verhindert Motivationen, die Erfolgserlebnisse erzeugen, und führt letztlich zu Mißerfolgen. Das bestätigen auch verschiedene Untersuchungen, die an Schulen und Hochschulen durchgeführt wurden. Zum Beispiel wurden Schüler, die an einem Kurs über Lern- und Arbeitstechniken teilgenommen hatten, nach zwei Jahren befragt, welche der vorgestellten Arbeitstechniken am meisten genutzt habe. Ihre Antwort: die Zeitplanung. Und warum? Offensichtlich ist es wichtig zu wissen, wie man seine Lernzeit plant, wenn man erfolgreich lernen und nicht unter Druck oder gar in Panik geraten will.

- **Unzweckmäßige Zeiteinteilung**
  Diese stellt sich in zwei extremen Formen dar: Einmal kennen wir die Person des unentwegt Tätigen, der planlos von einer Tätigkeit zur anderen springt, ohne eine Aufgabe wirklich abzuschließen. Er setzt unter der Vielzahl seiner

Tätigkeiten keine Prioritäten, unterscheidet nicht Wesentliches von Unwesentlichem und führt eine begonnene Arbeit nicht zu Ende. Auf der anderen Seite gibt es denjenigen, der genügend Zeit zu haben glaubt und deshalb so lange zögert, bis die ursprünglich reichlich vorhandene Zeit knapp wird und die Arbeit nur noch in Hast, fehlerhaft und mit unbefriedigendem Ergebnis abgeschlossen werden kann (z. B. das Vorsichherschieben der Nachbearbeitung von Schul- oder Vorlesungsstoff bis an das Ferienende).

Aus dem oben Gesagten ergibt sich, daß Zeitplanung notwendig ist, um die dargestellten Mängel zu vermeiden und gesetzte Ziele durch planvolle Zeiteinteilung zu erreichen.

## 2.2 Hilfsmittel und Regeln zur Zeitplanung

Natürlich lassen sich Mängel der oben geschilderten Art nicht von heute auf morgen beheben. So schnell wird man nicht zum Rationalisierungsfachmann. Zunächst genügen ganz einfache Hilfen, um schrittweise seine Zeitplanung zu organisieren. Für den Schüler empfiehlt sich z. B., am Abend vor dem nächsten Schultag die Aufgaben des kommenden Tages realistisch zu planen, sie auf einen kleinen Merkzettel zu notieren und diesen leicht erreichbar bei sich zu tragen oder gut sichtbar am „Pinnbrett" zu befestigen. Eine weitere Hilfe bei der Zeitplanung sind die verschiedenen handelsüblichen Terminkalender. Für den Schreibtisch eignen sich die aus einem Blatt bestehenden Halbjahres- oder Jahreskalender und zum ständigen Bei-sich-Führen das Aufgabenbuch oder ein Taschenkalender. Sehr praktisch für die Terminplanung sind die im Handel erhältlichen Faltkalender.

**AUFGABE 1** — *Tagesmerkzettel*

Erstellen Sie einen Tagesmerkzettel, der Ihrer eigenen Situation entspricht! Dabei sollen folgende Vorgaben berücksichtigt werden: Sie benötigen verschiedene Büromaterialien (z. B. Papier, Kugelschreiber); Hausaufgaben sind zu machen und zwei feste Termine einzuplanen.

# ÜBUNG 1  Regelmäßig den Tag planen

Fertigen Sie über 8 bis 10 Tage von Tag zu Tag einen Tagesmerkzettel an! Versuchen Sie dabei, allmählich bestimmte Tagesstunden für feste Aufgaben (z. B. Hausaufgaben) einzuplanen (Gewöhnungseffekt)! Kontrollieren Sie am Ende des Tages, ob die Planung hinsichtlich der geplanten Zeit und Aufgaben realistisch war! Versuchen Sie, die Tagesmerkzettel entsprechend den folgenden Regeln zu verbessern!

Wichtig zur Gewöhnung an eine Zeitplanung sind folgende Regeln:
- **Realistische Planung**
 Nehmen Sie sich nur in solcher Größenordnung Aufgaben vor, die in der geplanten Zeit durchzuführen sind! Wunschpläne führen zur Resignation.

- **Feste Arbeitszeiten**
 Gewöhnen Sie sich an feste Arbeitszeiten und hoffen Sie nicht auf euphorische Arbeitsstimmung!

- **Einhalten des Planes**
 Verwenden Sie keine Zeit darauf nachzudenken, ob, wann und was Sie arbeiten sollen, sondern halten Sie sich an den vorgesehenen Plan!

- **Berücksichtigung von Zeitreserven**
 Planen Sie Zeitreserven für Unvorhergesehenes, Arbeitsunterbrechungen und zusätzliche nicht eingeplante Arbeiten!

- **Sinnvolle Zeitplanung**
 Eine Zeitplanung kann nur dann sinnvoll sein, wenn die geplanten Arbeitszeiten Ihrem typischen Lebensrhythmus entsprechen und zur Erholung notwendige Pausen und Freizeiten vorsehen.

Der fortgeschrittene Planer kann seine Zeitplanung dadurch verbessern, daß er seine Zeit auf weitergesteckte Ziele hin plant.

## 2.3 Selbstkontrolle: Wie teile ich meine Zeit ein?

Wenn Sie Ihre Zeitplanung verbessern wollen, ist es zunächst notwendig, sich über den **Ist-Zustand** Rechenschaft zu geben. Sie werden kaum in der Lage sein, den Ablauf eines typischen Werktags zeitlich genau zu rekonstruieren. Um

| Aufnahmebogen |||||
|---|---|---|---|---|
| Klasse: 13 || Nr.: 5541 | Beobachter: selbst<br>männl. X<br>weibl. ||
| Beginn/Studie: 01. 03. 1993 || Ende/Studie: 12. 03. 1993 |||
| Blatt-Nr.: 2 || **Tätigkeiten** | Art | Zeit in<br>Stunden/<br>Minuten |
| Tag: Di., 02. 03. 1993 |||||
| Uhrzeit: von/bis |||||
| 23.00–7.00 || Schlafen | II 1 | 8.00 |
| 7.00–7.15 || Aufstehen, Waschen | II 3 | 0.15 |
| 7.15–7.45 || Frühstück | II 2 | 0.30 |
| 7.45–8.00 || Schulweg | I 5 | 0.15 |
| 8.00–13.15 || Unterricht | I 1 | 5.15 |
| 13.15–14.00 || Schulweg | I 5 | 0.45 |
| 14.00–14.45 || Mittagessen | II 2 | 0.45 |
| 14.45–15.15 || Platten hören | II 4 | 0.30 |
| 15.15–16.15 || Englisch schreiben | I 2 | 1.00 |
| 16.15–17.30 || Lektüre, deutsch | I 4 | 1.15 |
| 17.30–18.30 || Tonband hören | II 4 | 1.00 |
| 18.30–19.00 || Abendessen | I 2 | 0.30 |
| 19.00–20.00 || Motorrad | II 5 | 1.00 |
| 20.00–21.45 || Fernsehen | II 4 | 1.45 |
| 21.45–22.15 || Baden | II 3 | 0.30 |
| 22.15–23.00 || Lektüre, deutsch | I 4 | 0.45 |
| 23.00–23.15 || Tagesrapport | I 2 | 0.15 |
| |||| 24.15 |

**I schulbezogene Tätigkeiten**
I 1: Schule/Unterricht
I 2: Hausaufgaben – schriftl.
I 3: Hausaufgaben – mündl.
I 4: Lektüre – Schule
I 5: Schulweg

| 1 | 2 | 3 | 4 | 5 | 6 | 7 | Summe |
|---|---|---|---|---|---|---|---|
| 5.15 | 1.45 | – | 2.00 | 1.00 | | | 10.00 |

**II Sonstige Tätigkeiten**
II 1: Schlafen
II 2: Essen
II 3: Hygiene
II 4: TV, Radio, Phono, Kino/Theater, Lektüre
II 5: Hobby/Sport
II 6: Geselligkeit, Club, Verein
II 7: andere Tätigkeiten, z.B. Hilfe im Haushalt, Familie, „Gammeln"

| 1 | 2 | 3 | 4 | 5 | 6 | 7 | Summe |
|---|---|---|---|---|---|---|---|
| 8.00 | 1.15 | 0.45 | 3.15 | 1.00 | | | 14.15 |

einen solchen Ist-Zustand festzustellen, bedient man sich eines Zeitrapports als Hilfsmittel. Als Beispiel geben wir Ihnen zwei Original-Zeitaufnahmen von 18jährigen Gymnasiasten.

Im Rahmen eines Tests wurde eine Klasse 13 beauftragt, über 10 Tage Zeitaufnahmebögen zu führen, die als Grundlage für eine Ist-Analyse dienten. Aus dieser wurde nachfolgend ein Soll-Zeitplan entwickelt. Die Tätigkeiten wurden nach bestimmten **Tätigkeitsmerkmalen** unterschieden und die Schüler angehalten, der Einfachheit halber die Tätigkeiten im 15-Minuten-Zeitraster aufzuschreiben. Nach 10 Tagen wurden die Summenwerte für jedes Tätigkeitsmerkmal und der Durchschnittswert im Auswertungsbogen (Formblatt 2, Beilage) erfaßt.

Als **Durchschnittswerte** pro Tag des Beobachtungszeitraums ergaben sich für:
- Schule/Unterricht: 4 Std. 30 Minuten,
- schulbezogene Tätigkeiten (ohne Schulweg): 2 Std. 10 Minuten,
- sonstige Tätigkeiten (ohne Schlaf): 8 Std. 32 Minuten.

Auch wenn dieser Test keinen Anspruch erhebt, repräsentativ zu sein, lassen sich dennoch einige **Schlußfolgerungen** aus den Ergebnissen ziehen: Gemessen am Durchschnitt zeigt der Aufnahmebogen Nr. 5541 (Seite 12) eine angemessene Berücksichtigung schulbezogener Tätigkeiten, ausreichenden Raum für Freizeitbeschäftigung und eine bereits vorhandene sinnvolle Zeiteinteilung:

- **zusammenhängende Lernphasen;**
- **richtig plazierte Erholungsphasen:** Arbeitsphasen werden durch kürzere und längere Pausen unterbrochen;
- ausreichende Schlafenszeit: 7–8 Stunden (Erfahrungswert);
- **genügend Zeit für die Mahlzeiten:** 1–1½ Stunden (Erfahrungswert);
- **Zeitreserven** (Fernsehen, Tonband, Motorradfahren).

## AUFGABE 2  Aufnahmebogen auswerten

Untersuchen Sie den Aufnahmebogen Nr. 55 (S. 14)! Bewerten Sie den Bogen, indem Sie die bei der Gesamtuntersuchung ermittelten Durchschnittswerte und Kriterien der Zeiteinteilung zugrunde legen.

| Aufnahmebogen |||
|---|---|---|
| Klasse: 13 | Nr.: 55 | Beobachter: selbst |
| Beginn/Studie: 01. 03. 1993 | Ende/Studie: 12. 03. 1993 | männl. X<br>weibl. |

| Blatt-Nr.: 1 | **Tätigkeiten** | Art | Zeit in Stunden/ Minuten |
|---|---|---|---|
| Tag: Mo., 01. 03. 1993 | | | |
| Uhrzeit: von/bis | | | |
| 23.00-6.45 | Schlafen | II 1 | 7.45 |
| 6.45-7.05 | Aufstehen/Hygiene | II 3 | 0.15 |
| 7.05-8.10 | Schulweg | I 5 | 1.00 |
| 8.10-13.15 | Schule/Unterricht | I 1 | 5.00 |
| 13.30-14.15 | Schulweg | I 5 | 0.45 |
| 14.15-14.30 | Essen | II 2 | 0.15 |
| 14.30-15.00 | Radio hören, Zeitungslektüre | II 4 | 0.30 |
| 15.00-16.00 | Schlafen | II 1 | 1.00 |
| 16.00-16.30 | Kaffeetrinken | II 2 | 0.30 |
| 16.30-18.00 | Auto-Probefahrt | II 7 | 1.30 |
| 18.00-18.30 | Finanzielle Fragen des Autokaufs geklärt | II 7 | 0.30 |
| 18.30-19.00 | Vorbereitung zur Erledigung der Hausaufgaben; Sportvorbereitungen | I 3, I 5 | 0.30 |
| 19.00-19.35 | Busfahrt zum Training | II 5 | 0.30 |
| 20.00-21.30 | Training | II 5 | 1.30 |
| 21.30-22.30 | Spielersitzung | II 5 | 1.00 |
| 22.30-23.00 | Warten auf den Bus | II 5 | 1.00 |
| 23.30-24.00 | Busfahrt | II 5 | 0.30 |
| 24.00-24.05 | Schule (Hausaufgaben) | I 2, I 3 | |

**I schulbezogene Tätigkeiten**
I 1: Schule/Unterricht
I 2: Hausaufgaben – schriftl.
I 3: Hausaufgaben – mündl.
I 4: Lektüre – Schule
I 5: Schulweg

| 1 | 2 | 3 | 4 | 5 | 6 | 7 | Summe |
|---|---|---|---|---|---|---|---|
| 5.00 | 0.00 | 0.00 | | 1.45 | | | 6.45 |

**II Sonstige Tätigkeiten**
II 1: Schlafen
II 2: Essen
II 3: Hygiene
II 4: TV, Radio, Phono, Kino/Theater, Lektüre
II 5: Hobby/Sport
II 6: Geselligkeit, Club, Verein
II 7: andere Tätigkeiten, z.B. Hilfe im Haushalt, Familie, „Gammeln"

| 1 | 2 | 3 | 4 | 5 | 6 | 7 | Summe |
|---|---|---|---|---|---|---|---|
| 8.45 | 0.45 | 0.15 | 0.30 | 4.00 | – | 2.00 | 16.15 |

## ÜBUNG 2  Tagesverlauf aufnehmen

Entnehmen Sie der Beilage Formblatt 1 (Aufnahmebogen) und fotokopieren Sie dieses zehnmal. Tragen Sie in diese Bögen Art und Dauer Ihrer Tätigkeiten über 10 Tage ein. Um ein realistisches Bild zu erhalten, beachten Sie, daß Sie zunächst Ihren gewohnten Tagesablauf nicht verändern. Tragen Sie am Ende der Beobachtungsreihe die ermittelten Werte in den Auswertungsbogen (Formblatt 2) und errechnen Sie die Durchschnittswerte!

### 2.4 Langfristige, mittelfristige und kurzfristige Zeitpläne

Eine sinnvolle Zeitplanung soll dazu führen, die vorhandene Zeit so einzusetzen, daß mit ausreichender Flexibilität ein ausgewogenes Lernprogramm bewältigt werden kann. Dazu verhelfen die auf Grund der individuellen Ziele entwickelten langfristigen, mittelfristigen und kurzfristigen Zeitpläne, die nach der Methode der allmählichen Präzisierung aufgebaut werden, wie das Schema auf S. 16 zeigt.

Bei der **langfristigen Zeitplanung** handelt es sich um die Festlegung der ferneren Ziele, z. B. das Abitur für den Oberstufenschüler oder den Hochschulabschluß für den Studenten. Vom Ziel her müssen Mittel und Zeitplan, die der Erreichung des Zieles dienlich sind, geplant werden. Ein Fernziel läßt sich nur über Zwischenziele, die durch **mittelfristige Planungen** festgelegt werden, erreichen. Während langfristige Ziele in der Regel nur grob strukturiert werden können (Abitur, Diplomprüfung), kann man über Zwischenprüfungen in der Regel präzisere Angaben machen und sie stärker konkretisieren (z. B.: Welche Kurse, Vorlesungen und Seminare müssen belegt werden? Welche Bücher, Hilfsmittel und Skripten müssen beschafft werden? Welche Prüfungsanforderungen sind zu erfüllen?). Die **kurzfristigen Ziele** enthalten dann präzisere Angaben darüber,
– welche Aufgaben
– in welcher Reihenfolge
– mit welchem Zeitaufwand
erfüllt werden müssen. Wochen- und Tagespläne schließlich legen in exakter zeitlicher Einteilung Feinziele und Arbeitsaufgaben fest. Jede Phase der Planung muß durch einen Soll-Ist-Vergleich kontrolliert werden, um

## Organisationsschema zur Zeitplanung

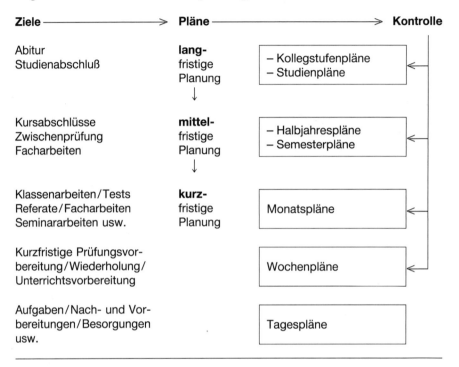

- die **Abweichungen** zwischen Soll und Ist festzustellen und
- daraus resultierende **Plankorrekturen** vornehmen zu können.

So erreicht man von der Grobzielplanung zur Feinzielplanung hin eine allmähliche Präzisierung und Konkretisierung der Arbeitsaufgaben und Zeitpläne.

Diese Planungsmethode bringt eine Reihe von **Vorteilen:**

- Der knappe Faktor Zeit wird ökonomisch eingesetzt.
- Die Lernphasen werden intensiviert.
- Das Erreichen von Zwischenzielen bringt Erfolgserlebnisse und damit neue Motivation.
- Streßsituationen, vor allem vor Prüfungen, werden durch eine geplante Arbeitsverteilung gemildert.
- Durch Zeitplanung und Aufgabenpräzisierung kann man rechtzeitig die Beschaffung der notwendigen Arbeitsmaterialien sicherstellen (z. B. Ausleihe oder Anschaffen von Büchern).

- Ein Plan erfordert zwar Zeitaufwand, erspart dann aber die Mühe dauernder Entscheidungen darüber, welche Aufgaben und Tätigkeiten in welcher Reihenfolge durchgeführt werden sollen.
- Planung schafft Freiräume für „Freizeit ohne Reue".
- Schul- und Semesterferien lassen sich langfristig als echte Freizeit planen.
- Wochenenden bieten Entspannung ohne Arbeitsdruck.
- Tagespläne enthalten fixierte Freistunden.

Um Fehlinterpretationen der Planung zu vermeiden, sei nochmals darauf hingewiesen, daß Pläne immer der Revision bedürfen, da sich die Ziele selbst ändern können oder auch die für die einzelnen Phasen angesetzte Zeit sich als zu hoch oder zu niedrig erweisen kann. Deshalb sind Pläne nicht als starre Instrumente, sondern in der Regel korrekturbedürftig und flexibel zu handhaben. Dennoch haben sie als Arbeitsmittel einen hohen Wert, da ziel- und planloses Arbeiten nur selten zu Erfolgen führt.

## AUFGABE 3 ▶ Wochenplan entwerfen

Im folgenden schildern wir Ihnen zwei Beispiele aus dem Schulalltag, für die Wochenpläne zu erstellen sind. Wir geben Ihnen den festen Wochenstundenplan vor. Ihre Aufgabe besteht darin, anhand der gegebenen Fallsituation eine die jeweilige Situation berücksichtigende Zeitplanung zu entwerfen. Vorgegeben ist der nachfolgende Stundenplan mit den festen Unterrichtszeiten.

**Stundenplan für Julia und Thomas**

| Stunde/Zeit | Montag | Dienstag | Mittwoch | Donnerstag | Freitag | Samstag |
|---|---|---|---|---|---|---|
| 1. | Englisch | Geschichte | / | Spanisch | Deutsch | / |
| 2. | Englisch | Geschichte | Ethik | Spanisch | Deutsch | / |
| 3. | / | Mathe. | Franz. | / | Mathe. | Franz. |
| 4. | Deutsch | Mathe. | Franz. | / | Mathe. | Franz. |
| 5. | Physik | Franz. | Sport | Mathe. | Ethik | / |
| 6. | Physik | Span. | Sport | Geschichte | Engl. | Geschichte |
| 7. | / | / | Physik | / | / | / |
| 14–15 Uhr | | LK Kunst | | LK Kunst | | |
| 15–16 Uhr | | LK Kunst | | LK Kunst | | |
| 16–17 Uhr | | LK Kunst | | | | |
| 17–18 Uhr | | | | | | |
| 18–19 Uhr | | | | | | |
| 19–20 Uhr | | | | | | |
| 20–21 Uhr | | | | | | |
| 21–22 Uhr | | | | | | |
| 22–23 Uhr | | | | | | |

**Fallbeispiel A:**

Schülerin Julia besucht die Klasse 13 eines Gymnasiums. Sie hat eine halbe Stunde Fahrzeit zur Schule. Dienstags und donnerstags hat sie nachmittags Unterricht an einer kooperierenden Schule, die in 20 Minuten Fahrzeit zu erreichen ist. An diesen Tagen ißt sie in der Mensa der benachbarten Universität. Am Montagabend hat sie von 18–20 Uhr Volleyballtraining. Einmal in der Woche mittwochs von 19 bis 22 Uhr betreut sie ein Kleinkind in der Nachbarschaft ihres Elternhauses. Einmal wöchentlich hat Julia in einer Musikschule Klavierunterricht belegt. Dafür benötigt sie einschließlich Hin- und Rückfahrt zwei Stunden, mittwochs von 14 bis 16 Uhr. Hierfür übt sie mindestens zwei Stunden pro Woche. Für ihren Leistungskurs Kunst hat sie in 14 Tagen ein Referat zu halten, das schriftlich ausgearbeitet werden muß.

**Fallbeispiel B:**

Thomas, ein Kurskollege von Julia, hat den gleichen Stundenplan wie Julia. Im Wintersport hat er sich einen Gelenkkapselriß zugezogen und konnte vier Wochen die Schule nicht besuchen. Zwar hat er versucht, über Aufzeichnungen der Mitschüler den Unterrichtsfortgang zu verfolgen, aber die ersten Klausurergebnisse zeigten, daß er Lücken in den Leistungskursen Mathematik und Französisch hat. Thomas arbeitet dienstags und mittwochs von 19–23 Uhr als Hilfskraft an einer Tankstelle, zu der er einen Hinfahrtsweg von 20 Minuten hat. Außerdem ist er Drummer in einer Rockgruppe, die regelmäßig donnerstags von 20–22 Uhr probt und an Wochenenden häufiger auftritt. Um für die Auftritte mobil zu sein, spart Thomas für den Kauf eines Gebrauchtwagens.

## AUFGABE 4 ▶ Wochenpläne auswerten

Stellen Sie für sich selbst und durch Befragen auch für ein oder zwei Freunde/Freundinnen Wochenpläne der schulischen und außerschulischen regelmäßigen Aktivitäten auf. Benutzen Sie dazu Formblatt 3a.
Kontrollieren Sie anhand der Checkliste Wochenplan (Formblatt 3b) diese Wochenpläne und die von Julia und Thomas aus Aufgabe 3, um Verbesserungen vornehmen zu können, und halten Sie die Vorschläge auf der Checkliste fest.

Aus den so ermittelten Ist-Durchschnittswerten läßt sich erkennen, ob bereits eine sinnvolle Zeiteinteilung vorliegt oder ob Korrekturen vorzunehmen sind. Insbesondere ist darauf zu achten, ob
– zusammenhängende Lernphasen,
– richtig plazierte Erholungsphasen,
– ausreichende Schlafphasen,
– genügend Zeit für die Mahlzeiten,
– Zeitreserven für Unvorhergesehenes
vorgesehen sind.

Diese Ist-Werte bilden ein ausgezeichnetes Mittel zur kritischen Selbstkontrolle der Zeiteinteilung. Die in der Ist-Analyse festgestellten Fehler und Mängel bilden jetzt die Grundlage für die Soll-Zeitplanung. Die Soll-Zeitplanung muß den Erfordernissen des Studiums, den Umweltbedingungen (z. B. Familie) und dem eigenen Arbeitsrhythmus angepaßt sein.

# 3 Organisieren Sie Ihren Arbeitsplatz!

Für die meisten Berufstätigen stellt sich die Frage nach dem Ort ihrer Arbeit nicht. Beruf und Betrieb binden sie an einen festen Arbeitsplatz. Schüler und Studenten sind in der Wahl ihres Arbeitsplatzes freier. Sie können sich häufig zwischen einem Arbeitsplatz in der Schule, z. B. in einem Schülerarbeitsraum oder einer Schulbibliothek, in einer öffentlichen Bibliothek, einem Seminarraum oder einem Arbeitsplatz zu Hause, vielleicht sogar im eigenen Zimmer, entscheiden. Außerhäusliche Arbeitsplätze haben häufig den Vorteil, daß sie eine motivierende, zur Arbeit anregende Atmosphäre ausstrahlen. Sie sind in der Regel ruhig und wirken anregend durch den Fleiß und die Konzentration anderer Benutzer und ermöglichen, sofern sie eine Präsenzbibliothek enthalten, deren Benutzung. Ablenkungen, die häufig die Arbeit zu Hause beeinträchtigen – Telefon, Radio, Fernsehen, Familienangehörige, Besuche usw. –, entfallen. Als Nachteil wirkt sich aus, daß die notwendigen Arbeitsunterlagen mitgebracht werden müssen. Öffentliche Arbeitsräume in der Schule eignen sich für den Schüler in der Regel nur zur Überbrückung von Freistunden oder dann, wenn sich die Organisation eines eigenen Arbeitsplatzes zu Hause nicht realisieren läßt. Leider entsprechen in den meisten Schulen die Ausstattung und Arbeitsbedingungen der Schülerarbeitsräume nicht den an sie zu stellenden Anforderungen. Weil die Bedingungen, die Schüler für ihre Arbeit zu Hause vorfinden, sehr unterschiedlich sind, möchten wir Ihnen Vorschläge zur Gestaltung des Raumes und Arbeitsplatzes machen.

## 3.1 Der Arbeitsplatz zu Hause

Bei der Arbeit zu Hause findet der Schüler zwei Möglichkeiten vor: Entweder besitzt er ein eigenes Zimmer, oder er muß seinen Arbeitsplatz in einem Raum einrichten, den auch andere Familienangehörige mitbenutzen. Bei letzterem sind die Störfaktoren, die die Arbeit beeinträchtigen, normalerweise sehr viel größer und schwerer zu beheben, als dies beim eigenen Zimmer der Fall ist. Dennoch lassen sich bei gutem Willen der Beteiligten Möglichkeiten zur Errichtung eines festen Arbeitsplatzes schaffen. Hierfür gelten dann grundsätzlich die gleichen Bedingungen, wie sie an den Arbeitsplatz im eigenen Zimmer zu stellen sind. Zwar macht auch der besteingerichtete Arbeitsplatz das Lernen nicht überflüssig, aber er erleichtert es. Der schlecht eingerichtete Arbeitsplatz jedoch kann das Lernen nicht unerheblich erschweren.

**Schreibtisch und Stuhl**

Die Grundvoraussetzung für einen Arbeitsplatz ist ein Tisch, eine Schreibplatte oder ein Schreibtisch mit bestimmten Mindestmaßen. Die Mindestgröße der Arbeitsfläche sollte 100 × 60 cm sein. Wünschenswert ist eine Fläche, die über diese Maße hinausgeht, da sie bessere Ordnung ermöglicht, die Unterbringung von Materialien und Büchern erlaubt und dadurch die Arbeit erleichtert.

Die Schreibtischhöhen liegen in der Regel zwischen 70 und 80 cm. Wenn ein Schreibtisch Schubladen, Seitenfächer (Schnapprollos sind zweckmäßiger als sperrige Türen) und eine Hängeregistratur, Ausziehplatte etc. hat, ist das auch für den Schüler als ideal anzusehen.

Ein handelsüblicher preiswerter **Bürostuhl** ist allemal besser als der komfortable Schaukelstuhl oder der schicke Clubsessel. Der Schreibtisch sollte möglichst so aufgestellt werden, daß Tageslicht von links oder von vorne einfällt; so wird lästige Schattenwirkung vermieden. Auch die **gute Beleuchtung** ist eine Voraussetzung für Arbeitsintensität. Eine nicht ausreichende oder unzweckmäßige Beleuchtung führt zu schneller Ermüdung, zu Konzentrationsschwierigkeiten und erschwert dadurch die Arbeit. Die künstliche Lichtquelle sollte
– von links oder von vorn die Schreibtischfläche beleuchten,
– eine in Höhe und Leuchtbereich verstellbare Lampe sein,
– eine Birne von mindestens 60 Watt oder eine entsprechende Leuchtstoffröhre („Energiesparlampe") enthalten,
– kontrastfrei, ausreichend und gut verteilt die Arbeitsfläche erhellen.

**Störungen**

Daß zu fruchtbarer geistiger Arbeit ein ruhiger, störungsfreier Arbeitsplatz notwendige Voraussetzung ist, scheint nicht jedem Schüler eine Selbstverständlichkeit zu sein. Erfahrungen und Untersuchungen zeigen, daß Arbeit häufig durch verschiedene Störungen beeinträchtigt wird, die entweder bewußt aufgenommen oder auch nur im Randbewußtsein registriert werden, aber sich dennoch nachteilig auf die Qualität der Arbeit auswirken. Eine von Schülern bevor-

**AUFGABE 5** ▶ *Arbeitsplatz überprüfen*

Überprüfen Sie Ihren Arbeitsplatz anhand der Checkliste Arbeitsplatz (Formblatt 4)!

zugte, häufig nicht als Störung sondern als Stimulanz angesehene Geräuschkulisse bei der Arbeit bildet Musik. Die Annahme, Musik wirke als Stimulanz bei der Arbeit leistungssteigernd, wird von ca. 70% aller Schüler vertreten. Verschiedene Untersuchungen haben eindeutig nachgewiesen, daß Musik im Hintergrund das Lernen stört, die Leistung verschlechtert und die Konzentrationsfähigkeit verringert. Nur bei eintönigen Tätigkeiten oder beim Malen und Zeichnen kann Musik stimulierend wirken.

## 3.2 Arbeitsmaterial

Eine unerläßliche Voraussetzung für den Arbeitsplatz sind die notwendigen Arbeitsmaterialien, die in ausreichender Menge und stets griffbereit zur Hand sein müssen. Vielfach gehört heute ein PC schon zur Standardausrüstung. Er ersetzt nicht nur eine Schreibmaschine, sondern ist ein vielfältig verwendbares technisches Hilfsmittel. Für welche Hard- und Software man sich entscheidet, ist wesentlich davon abhängig, welche Leistungen man von den Geräten erwartet (vgl. Kap. 4). Soweit nicht vorhanden, empfiehlt es sich, von den folgenden Arbeitsmaterialien die für die eigene Arbeit notwendigen anzuschaffen.

**Papier**
- Schreibmaschinenpapier / Druckerpapier
- Kohlepapier, Durchschlagpapier
- Notizpapier / Konzeptpapier (eventl. Recyclingpapier)
- Liniertes und kariertes Papier
- Ringbucheinlagen
- Millimeterpapier / Zeichenpapier

**Schreibgeräte**
- Füllfederhalter
- Kugelschreiber
- Bleistifte verschiedener Härtegrade
- Tuschschreiber
- Farbstifte, Filzstifte, Textmarker
- Ersatzminen, Tinte, Tintenpatronen, Tusche

**Zeichengeräte**
- Zirkelkasten
- Lineal, Schablonen, Kurvenlineale

**Sonstige Arbeitsmaterialien**
- Radiergummi
- Messer oder Bleistiftspitzer
- Tintenlöscher

- TippEx
- Locher
- Hefter (Ersatzklammern)
- Büroklammern
- Schere
- Klebestift
- Klebestreifen
- Schnellhefter
- DIN-A4-Ordner
- Kalender
- Papierkorb

Um unnötiges Suchen und überflüssige Gänge zu vermeiden, sollte man eine **Einkaufsliste** erstellen und die fehlenden Gegenstände so bald wie möglich anschaffen. Ein Tip: Besorgen Sie sich ein „Pinnbrett" aus Kork oder einer Dämmplatte, an dem wichtige Merkzettel, Notizen, Zeitpläne, Aufstellungen etc. „angepinnt" werden.

## AUFGABE 6 ▶ Arbeitsmaterialien überprüfen

Überprüfen Sie, ob Ihre Arbeitsmaterialien vollständig sind! Vervollständigen Sie das Formblatt 5 (Checkliste Arbeitsmaterial)!

## 3.3 Der Handapparat

Obwohl wir verwundert den Kopf schütteln würden, wenn ein Klempner zur Reparatur eines Wasserhahns ohne zweckmäßiges Handwerkszeug erschiene, ist es dennoch nicht immer klar, daß auch geistige Arbeit rationell und ökonomisch nicht ohne eine Mindestausstattung an Büchern und Arbeitsmitteln möglich ist. In der Wissenschaft bezeichnet man diese Mindestausstattung an „Handwerkszeug" als Handapparat und versteht darunter die Gesamtheit der für eine wissenschaftliche Aufgabe notwendigen Hilfsmittel. Für den Schüler sind das die im vorhergehenden Abschnitt aufgeführten Arbeitsmaterialien und die für die Durchführung seiner Aufgaben notwendige Mindestausstattung an Büchern. Wir unterscheiden zwischen einer Mindestausstattung an fachübergreifenden und fachspezifischen Büchern und einer Zusatzausstattung an wünschenswerten Büchern, die sich nach den gewählten Kursen, Interessenschwerpunkten und zukünftigen Berufs- oder Studienwünschen richtet. Vor den finanziellen Belastungen sollten Sie nicht erschrecken, sondern überlegen, in welchen Zeiträumen Sie die Anschaffung in Ihren persönlichen Finanzplan einsetzen können (Geburtstage, Weihnachten usw.). Im übrigen sehen auch die Schüler- und Studentenförderungsgesetze (BAföG) ausdrücklich Richtbeträge für diesen Zweck vor.

**Mindestausstattung**

Fachübergreifend
– Rechtschreibe-Wörterbuch der deutschen Sprache (DUDEN o. a.)
– Geographischer Atlas

Fachspezifisch
– Eingeführte Lehrbücher
– Wörterbücher (fremdsprachlich)
– Logarithmentafel oder Taschenrechner
– Historischer Atlas
– notwendige Lexika

## AUFGABE 7 ▶ Liste der Zusatzausstattung erstellen

Stellen Sie sich für die Zusatzausstattung Ihres Handapparats eine Liste von Büchern und Arbeitsmaterial zusammen! Berücksichtigen Sie dabei Ihre Kurse, Interessenschwerpunkte sowie zukünftige Studien- und Berufswünsche!

## 3.4 Ordnungs- und Organisationssysteme

Nehmen wir an, der im vorhergehenden Kapitel zitierte Handwerksmeister sei ein Vorbild seines Berufsstandes, dann dürfen wir annehmen, daß er das zur Durchführung seiner Arbeiten benötigte Material und Handwerkszeug geordnet in seinem Handwerkskasten bei sich führt. Mit raschem und sicherem Griff findet er sofort das notwendige Gerät und das geeignete Material. Für den geistig arbeitenden Menschen gibt es analog Ordnungssysteme, die dazu dienen sollen, Informationen zu sammeln, zu speichern und dauernd verwendungsfähig zu halten. Wir halten es für unerläßlich, daß Kollegstufenschüler für die Organisation ihrer Arbeit sich geeigneter Ordnungssysteme bedienen. Ordnung in diesem Sinne ist nicht Selbstzweck, sondern spart Zeit und gewährleistet, daß die vorhandenen Informationen sinnvoll ausgewertet werden können. Von der Vielzahl der im Berufsleben gebräuchlichen Ordnungssysteme schlagen wir Ihnen diejenigen vor, von denen wir meinen, daß sie von Schülern und Studenten preisgünstig (Massenartikel) anzuschaffen und für ihre Zwecke einfach zu handhaben sind.

### 3.4.1 Sammelordner

Für die Ablage von Unterrichts- und Vorlesungsmitschriften und zur Sammlung von sonstigem schriftlichen Material eignen sich:
– Ordner mit Lochheftung (z. B. LEITZ-Ordner),
– Schnellhefter,
– Sammelmappen,
– Klarsichthüllen.

Für Schüler genügen in der Regel wenige Sammelordner mit Untergliederung, d. h. mit dünnen, einheftbaren Unterordnern oder mit Trennblättern für die einzelnen Fächer oder Sachgebiete. Auf dem Rücken des Sammlers sollten Stichwörter deutlich den Inhalt des Ordners erkennen lassen. Farblich unterschiedliche Unterordner und Sammelordner erleichtern die Orientierung. Sammelmappen und Klarsichthüllen beschriftet man um der Deutlichkeit willen mit Filzschreiber.

### 3.4.2 Karteisysteme

Für denjenigen, der in größerem Umfang geistig arbeitet, der Spezialinteressen pflegt oder bei dem sich eine große Menge von Material ansammelt, empfiehlt sich die Anlage von Karteien. Unter einer Kartei versteht man eine Sammlung von Pappkarten gleichen Formats (Grundkarten), die der Aufnahme von Informationen dienen und nach bestimmten Systemen geordnet

werden. Man unterscheidet Grundkarten und Leitkarten. Grundkarten sind die eigentlichen Informationsträger; im Format etwas höhere Leitkarten gliedern die Kartei. Den Zweck der Gliederung erfüllen auch „Reiter", die auf eine Grundkarte aufgeklemmt werden. Karteikarten gibt es in den DIN-Formaten A4, A5, A6 und A7 (Eine Übersicht über die DIN-Formate finden Sie auf Seite 30). Das bei wissenschaftlichen Arbeiten gebräuchlichste Format ist DIN A6 (Postkartengröße), weil diese Kartengröße ausreichend Raum für Text bietet und die Kartei als ganze noch handlich ist.

Vorteile von Karteikartensystemen sind:

– **Flexibilität**
Ergänzungen, Änderungen und neue Informationen lassen sich leicht in die bestehende Ordnung einfügen, veraltete oder überflüssig gewordene Karten leicht entfernen. Auch kann man anderes Material (Zeitungsausschnitte, Umdrucke, Photokopien etc.) dem System zuordnen. Die in der Kartei gespeicherten Informationen lassen sich einfach neuen Stoffgebieten, Aufgaben oder Themen zuordnen.

– **Transparenz**
Je nachdem, welches Ordnungssystem der Kartei zugrunde liegt, ermöglicht sie einen raschen Überblick über das jeweils vorhandene Material.

– **Handlichkeit**
Die durch das Format bedingte Handlichkeit gewährleistet, daß die Karteikarten mit an den jeweiligen Arbeitsplatz genommen werden können (z. B. in die Bibliothek). Sie stehen damit jederzeit bei der Arbeit zur Verfügung.

Man wird allerdings zugeben müssen, daß Karteien nicht in jedem Falle sinnvoll und zweckmäßig sind. Da ihre Anlage und Fortführung relativ **zeitraubend**

ist, erachten wir sie nur dann für sinnvoll, wenn die Arbeit mit der Kartei auf längere Sicht Informationsvorteile und Zeitersparnis bringt. Für den Oberstufenschüler und den Studenten sind das im wesentlichen zwei Fälle:

Wenn er auf längere Sicht **spezifische Interessens- und Leistungsschwerpunkte** bildet, bei denen er vielfältige Informationen sammeln und systematisieren und diese verfügbar halten muß. Dies trifft besonders bei Leistungskursen zu, da diese propädeutischen Charakter haben und über das Lehrbuch hinaus vielfältiges Quellenmaterial – Umdrucke, Photokopien, Buchexzerpte, Literaturangaben, Zeitungs- und Zeitschriftenartikel, Thesenblätter, Mitschülerreferate usw. – gesammelt und geordnet werden muß. Ohne Ordnungssysteme gerät man leicht in die Lage, daß man sich zwar an Informationen erinnert, diese aber nur schwer, zeitraubend oder auch gar nicht mehr auffindet.

Der zweite Fall, in dem uns eine Arbeit mit Karteikarten sinnvoll erscheint, ist der, daß in einem befristeten Zeitraum ein **Referat** zu erbringen ist, bei dem die Auswertung unterschiedlicher und gelegentlich breit gestreuter Primär- und Sekundärliteratur verlangt wird. Wenn auch in solchen Fällen die Anlage einer Kartei nicht immer erforderlich ist, so ist der Umgang mit dieser Arbeits- und Informationsmethode doch im Hinblick auf künftige wissenschaftliche Arbeiten (Seminar- und Diplomarbeiten) von großem Wert.

Aus der Vielzahl möglicher Karteisysteme möchten wir folgende Arten vorstellen.

**Fundstellenkartei**

Die Fundstellenkartei dient der Katalogisierung und dem leichteren Wiederauffinden vorhandener Materialien. Unter einem Ordnungswort (Schlagwort) enthält die Karteikarte den Hinweis auf den Fundort (Ordner, Unterordner, Sammelmappe, Buch, Mitschrift, Heft usw.) der gesuchten Unterlagen.

**Materialkartei**

Für die Stoffsammlung im Hinblick auf ein Referat, eine Facharbeit oder eine größere wissenschaftliche Abhandlung empfiehlt sich die Anlage einer Materialkartei, nach Schlag- und Stichwörtern geordnet. Die Schlagwörter ergeben sich aus der beabsichtigten Gliederung der Arbeit, wobei man aber schon in der Phase der Stoffsammlung möglichst differenziert und tief gliedern sollte (Stichwörter). Im Zuge der Lektüre kann das Karteisystem durch hinzukommende Gesichtspunkte jederzeit erweitert und ergänzt werden. Die Karten der Materialkartei enthalten außer dem Stichwort Inhaltsauszüge, wichtige Zitate und bibliographische Angaben.

## Muster einer Fundstellenkarteikarte

| Arbeitstechnik | ← „Reiter" |
|---|---|
| Referat | ← Ordnungswort |
| 1. Stundenmitschrift Grundkurs Deutsch, Klasse 12/1 v ... 1993 | Ordner II,1 → ← Fundstelle |
| 2. Hülshoff / Kaldewey: Training Rationeller lernen und arbeiten | Handapparat |
| 3. Coelius, Claus: Fit fürs Assessment-Center, Hamburg 1992, S. 76 | Stadtbücherei |
| | → Raum für Anmerkungen |

## Muster einer Materialkarteikarte

| Referat | ← Ordnungswort |
|---|---|
| Materialsammlung | ← 2. Ordnungswort |
| „Auf diese Karten schreibt man die Angaben, die man voraussichtlich für das Referat brauchen wird. Das sind auf alle Fälle zunächst einmal die richtigen bibliographischen Daten der betreffenden Publikation. Bei einem Buch sind das: der Name des Verfassers mit dem Vornamen oder dessen Anfangsbuchstaben, Titel, Erscheinungsort und Erscheinungsjahr. Bei Zeitschriften außer dem Titel auch noch der Jahrgang. Ferner schreibt man auf die Karte, was in der betreffenden Publikation für das zu bearbeitende Thema wichtig ist. Artikel in Fachzeitschriften sind gewöhnlich mit einer kurzen Zusammenfassung versehen. Manchmal kann man diese einfach übernehmen; oft aber ist ein solches Resümee in der vorliegenden Form nicht geeignet. In diesem Fall muß man selbst in kurzen Worten herausheben, was einem für das eigene Thema von Belang erscheint." | ← Zitat |
| Parreren, van C. F. u.a.: Erfolgreich studieren, Wien – Freiburg – Basel (Herder), 1969, S. 73/74 | ← bibliographische Angabe |
| | ← Raum für Anmerkungen |

**Muster einer Autorenkarteikarte**

| | |
|---|---|
| Mackenzie, R. Alec, | ← Verfasser |
| Die Zeitfalle.<br>Sinnvolle Zeiteinteilung und Zeitnutzung, Heidelberg 1974 | ← Titel |
| FO: Stadtbücherei Katalog-Nr. 17-741 | ← Fundort |
| Anmerkung: Zeitökonomie für Manager;<br>für Schüler und Studenten weniger<br>geeignet. | ← Anmerkung |
| 3. 3. 93 | ← Lesedatum |

**Muster einer Formel- und Lehrsatzkarteikarte**

| | |
|---|---|
| Arbeitstechnik | ← Ordnungswort |
| Lektüre von Fachliteratur | ← 2. Ordnungswort |
| Die 5-Schritt-Methode<br><br>1. Überblick gewinnen<br><br>2. Fragen stellen<br><br>3. Lesen<br><br>4. Rekapitulieren<br><br>5. Zusammenfassende Wiederholung | ← Formeln<br>Lehrsätze<br>Regeln |
| | ← Raum für<br>Anmerkungen,<br>Ergänzungen<br>etc. |

## DIN-Formate

Grundfläche = 1 qm = 841 × 1189 mm = A 0

$\left.\begin{array}{l} \text{A 0 : A 1} \\ \text{A 1 : A 2} \\ \text{A 2 : A 3} \\ \text{usw.} \end{array}\right\} = 2 : 1$ Lang-Seite von $\left\{\begin{array}{l} \text{A 0} \\ \text{A 1} \\ \text{A 2} \\ \text{usw.} \end{array}\right.$ : Schmal-Seite von $\left\{\begin{array}{l} \text{A 0} \\ \text{A 1} \\ \text{A 2} \\ \text{usw.} \end{array}\right\} = \sqrt{2} : 1$

DIN A 6 = 10,5 × 14,8 cm = $1/2$ DIN A 5 = $1/4$ DIN A 4 usw.
= „Halbblatt"

DIN A 7 = 7,4 × 10,5 cm = $1/2$ DIN A 6
= „Viertelblatt"

DIN A 8 = 5,2 × 7,4 cm = $1/2$ DIN A 7
= „Achtelblatt"

**Autorenkartei**

Für Arbeiten größeren Umfangs mit einem ausführlichen Literaturverzeichnis hat die Anlage einer Autorenkartei auf DIN-A7-Karten (halbes Postkartenformat) erhebliche Vorzüge. Sie dient der Sammlung von Literatur, bibliographischen Angaben (besonders bei entliehenen Büchern), kurzen Vermerken über den Standort/Fundort, stichwortartigen Anmerkungen und Wertungen des Gelesenen und Lesedatum. Anhand der Autorenkartei läßt sich schnell ein alphabetisch geordnetes **Literaturverzeichnis** erstellen.

**Formel- und Lehrsatzkartei**

Zum Wiederholen und Nachschlagen empfiehlt sich vor allem dann, wenn keine gebundene Formelsammlung vorliegt, der Aufbau einer auf die eigene Arbeit zugeschnittenen Formel- und Lehrsatzkartei. Sie ist eine einfache Form der **Lernkartei** und dient zugleich als Nachschlageregister innerhalb des eigenen Handapparats.

Hinweis: Für die Anlage von Karteien bietet sich auch der PC mit entsprechenden Programmen an (vgl. Kap. 4)

# 4 Surfen im Internet

Weil die **Verwendungsmöglichkeiten** der Computer in Schul-, Studien- und Berufsalltag zahlreich sind, können wir nur einige allgemeine Hinweise für den Einsteiger geben. Die wichtigste Anwendung im Schulalltag betrifft die Be- und Verarbeitung von Texten, insbesondere
- Texte erfassen,
- Texte gestalten, gliedern und überarbeiten,
- Texte typographisch anspruchsvoll ausgeben,
- Grafiken einbinden.

Als besonders hilfreich erweist sich der Computer beim Erstellen von Referaten, bei der Stoffsammlung und -verarbeitung und der Textgestaltung. Hier können Graphikprogramme die Visualisierung von Informationen unterstützen und die Präsentation verbessern. Die Anlage von Karteien, Bibliographien usw. läßt sich darüber hinaus mit Datenbanksystemen rationell gestalten, die weit mehr Zugriffs-, Sortier- und Abfragemöglichkeiten bieten als herkömmliche Karteien.

Speziell für Mathematik existieren eine Reihe von Programmen, die das Spektrum vom einfachen Lösen von Gleichungen bis hin zur formalen Differential- und Integralrechnung abdecken. In vielen Studiengängen ist Statistik ein fester Bestandteil (Mathematik/Naturwissenschaften, Sozialwissenschaften, Psychologie, Erziehungswissenschaft etc.). Hier helfen Statistik-Programme. Im naturwissenschaftlichen, technischen wie auch betriebswirtschaftlichen Bereich wird heute häufig die Fähigkeit zum Programmieren vorausgesetzt. Auf PCs steht hierfür eine Vielzahl von Programmiersprachen zur Verfügung (z. B. Basic, Pascal, C), so daß der Schüler und Student auch zu Hause reichlich Trainingsmöglichkeiten erhalten kann.

In diesem Kapitel geht es darum, Ihnen einige grundlegende Kenntnisse über die Suche und Auswertung von Information aus dem Internet oder von Online-Diensten zu vermitteln. Im Rahmen dieses Arbeitsbuches „Erfolgreich lernen und arbeiten" können wir nur Grundinformationen geben. Je nach Computerkenntnis und Erfahrung wird man in einer sich so rasch fortentwickelnden Technik zu spezieller Fachliteratur greifen müssen.

Die in diesem Buch beschriebenen Arbeitstechniken behalten ausnahmslos ihre Gültigkeit. Denn die Informationsbeschaffung mit Hilfe des Internets ist gegenüber traditionellen Verfahren der Informationssuche nur eine weitere, wenn auch revolutionierende, technische Möglichkeit.

Das neue technische Medium mit seiner überbordenden Informationsflut stellt an den Nutzer besondere Anforderungen hinsichtlich Auswahl und Bewertung der Informationen. Insbesondere die wissenschaftliche Redlichkeit bei Referaten, Fach- und Seminararbeiten verlangt, daß man die Texte kritisch prüft und verwendete Materialien nach den eingeführten Regeln zitiert und belegt (vgl. Kap. 8.3). Auch aus dem Internet entnommene anonyme Texte müssen in einem Hinweis als solche ausgewiesen werden.

## 4.1 Technische Voraussetzungen

Zum Surfen im Internet sind bestimmte technische Voraussetzungen erforderlich.

An **Hardware** benötigt man:

- einen Telefonanschluß: analog oder digital (ISDN);
- einen Computer. Um in den Genuß aktueller und künftiger Möglichkeiten zu gelangen, eignet sich ein Multimedia-PC (MPC), der Texte, Bilder und Töne verarbeitet.
- einen Monitor: Grundsätzlich ist jeder verwendbar. Wenn aber eine spätere Verwendung als Monitor im Studium oder Beruf geplant ist, sollte man einen guten Monitor nicht unter 17 Zoll wählen. Diese schonen die Augen und ermöglichen Konstruktionsplanung und die Nutzung professioneller Graphikprogramme.
- einen Drucker;
- ein Modem: Um online gehen zu können, benötigen Sie ein Modem für einen herkömmlichen Telefonanschluß. Beim digitalen Telefonanschluß genügt eine ISDN-Karte. Vorteilhaft ist der digitale Anschluß, weil die Daten wesentlich schneller als beim Modem übertragen werden und weitere Nutzer zur gleichen Zeit den Anschluß zum Faxen und Telefonieren belegen können.

Neben der Hardware benötigt man zur Reise auf der Datenautobahn die Hilfe spezieller **Software-Programme**:

- einen Browser. Er stellt die Inhalte des World Wide Webs (www) auf dem Bildschirm dar. Die bekanntesten Browser sind: der Internet Explorer von Microsoft und der Navigator von Netscape. Der Internet Explorer ist bereits Teil des Lieferprogrammes von Windows 95/98.
- Zum Einfädeln in den Verkehr der Datenautobahn ist ein Partner behilflich, der die Barriere zur Einfahrt in den weltumspannenden Computerverband (z. Zt. ca. 44 000 miteinander verbundene Netzwerke) aufschließt. Denn nur diese Partner haben einen unmittelbaren Zugriff auf das Internet.
Lieferanten, die Internetzugänge öffnen, sind **Provider** und **Online-Dienste**.
- Provider: Der Provider bietet meist einen reinen Internetzugang.
- Online-Dienste: Ein anderer Partner beim Zugang auf die Datenautobahn sind die kommerziellen Online-Dienste. Diese bieten neben dem Zugang zum Internet zusätzliche Inhalte und Serviceleistungen an, die ausschließlich den Kunden des jeweiligen Online-Dienstes zur Verfügung stehen. Der Internetzugang ist also nur ein Angebot unter vielen.

Die Gebühren für die Benutzung von Online-Diensten sind unterschiedlich. Sie setzen sich zusammen aus Monatsgebühren, Benutzergebühren pro Stunde und Zusatzgebühren. Manche Dienste locken auch mit Freistunden und Schnupperangeboten.

Der arme Student

## 4.2 Suchen von Informationen

Wer sich in das Verkehrsgewühl der Datenautobahn begibt, sollte sein Ziel genau kennen. Denn nur wer weiß, welche Informationen er benötigt und wo er sie findet, vermeidet einen Informations- und Kosteninfarkt. Deshalb braucht man sichere Suchstrategien. Bei der Suche helfen Werkzeuge, die entweder das Internet oder die Online-Dienste zur Verfügung stellen.

**1. Suchmaschinen**

Suchmaschinen fahnden über große Datenbanken nach Adressen von Web-Sites, die den eingegebenen Suchbegriff enthalten.
Eine der Suchmaschinen mit den größten Datenbanken ist **LYCOS**. Adresse: http://www.lycos.com

Wenn sich die Web-Site von LYCOS auf dem Bildschirm zeigt, gibt man sein Suchwort ein. Der Informationsumfang der Web-Sites hängt davon ab, wie allgemein oder speziell der Begriff ist. Auf das Suchwort „Chirurgie" bekommt man sicherlich Tausende von Hinweisen, während das Suchwort „Meniskusoperation" entsprechend weniger Ergebnisse zeigt. Zur Einengung der Suche kann man das Ergebnis durch mehrere Suchbegriffe optimieren, wenn diese durch Match All (And) miteinander verbunden werden.

Eine zweite Möglichkeit der Einengung kann über die Eingabe von „Entrance Search" erfolgen. Die Eingrenzung der Suche geschieht über die Einstellungen

*loose – > fair – > good – > close – > strong match*

Umgekehrt verfährt man bei Ausweitung des Begriffs.

Durch die Bedingung MATCH ALL (OR) wird ebenfalls die Suche erweitert. Dieses Verfahren kann hilfreich sein, wenn der Suchbegriff nicht genau festgelegt werden kann oder die erste Suche keine Ergebnisse gebracht hat.

Suchmaschinen sind oft spezialisiert. Damit man nicht mehrere befragen muß, gibt es Suchmaschinen, die bei ihrer Suche andere miteinbeziehen. Dadurch verlängert sich zwar der einzelne Suchvorgang, man spart sich aber das umständliche und zeitraubende Befragen mehrerer Suchmaschinen.

Eine der bekanntesten ist MetaGer: http://meta.rrzn.uni-hannover.de

## 2. Schlagwort-Kataloge

Ein weiteres Suchwerkzeug sind die Schlagwortkataloge, die in Listen organisiert sind und sich in Schlagwortbereiche untergliedern. Eine wichtige Schlagwortadresse ist die Homepage von **YAHOO**, die unter

http://www.yahoo.com

angewählt werden kann.

Bedeutende deutsche Kataloge, die auf deutschsprachige Internetquellen beschränkt sind, sind

– **DINO** http://www.wiso.gwdg.de/ifbg/go

– **WEB.DE** http://www.web.de

Einen weiteren Katalog über deutsche Angebote gibt das Nachrichtenmagazin Focus unter dem Namen „**Navigator**" heraus. Er wird angewählt unter

http://www.focus.de

## 3. Agenten

Ein drittes Werkzeug für die Suche nach Informationen sind Agenten. Programme, die man selbst verwaltet und nach gewünschten Informationen im Datennetz fahnden läßt. Ihre Bedienung setzt Übung und Erfahrung voraus. Sie eignen sich für Benutzer, die intensive Internetsurfer sind und spezielle Interessen pflegen. **SmartMarks** gibt es z. B. als Zusatz für den „Navigator" und ist über die Homepage von Netscape (kostenlos) erhältlich. Weitere Adressen können in den einschlägigen Fachbüchern, bei den Online-Diensten und im Internet abgefragt werden.

## 4. Texte suchen

Für schulische Anforderungen ist der Schüler am häufigsten auf Texte angewiesen. Hier bieten Internet und Online-Dienste Zugriff auf zahlreiche Quellen. Diese sind:

– Web-Sites
– Copher-Sites: Zugriff über Internet auf Großcomputer (mit überwiegend englischen Texten)
– Zeitungs- und Zeitschriftenarchive
– spezielle Archive und Angebote der Online-Dienste.

In zunehmendem Maße können über das Internet Tageszeitungen und Zeitschriften mit eigener Online-Adresse eingesehen und genutzt werden.

## 4.3 Speichern von Informationen

Zum Festhalten und Speichern gibt es unterschiedliche technische Möglichkeiten:

- Handschriftliche Notizen (Exzerpte) können in Ausnahmefällen sinnvoll sein.
- Ein Browser mit Druckfunktion gestattet den Ausdruck einer Web-Site einschließlich Grafiken, ohne daß diese auf dem eigenen PC gespeichert wird.
- Die Speicherung auf dem eigenen PC als **HTML-Datei** (= Hypertext Markup Language). Der Vorteil dieses Verfahrens liegt darin, daß jederzeit über den Browser der Text verfügbar ist und ganz oder teilweise in ein Textverarbeitungsprogramm übernommen werden kann. Dabei ist zu beachten, daß beim Ablegen einer Web-Site nur der Text, nicht aber die Graphiken gespeichert werden.
- Um Graphiken und Bilder zu speichern, benötigt man besondere Graphik-Programme.

## AUFGABE 8  Informationen suchen und auswerten

Suchen Sie im Internet Informationen für ein Referat. Grenzen Sie die Informationsflut durch geschickt gewählte Stichwörter ein.

# 5 Aktive Mitarbeit in Unterricht, Seminar und Vorlesung

## 5.1 Vom rezeptiven zum aktiven Lernen

Eine vorherrschende Arbeitshaltung läßt sich als rezeptives Lernen kennzeichnen. Unter rezeptivem Lernen verstehen wir ein vorwiegend passives Hinnehmen von Unterricht und Vorlesungen. Es äußert sich in der kritiklosen Übernahme dessen, was der Lehrende vorträgt und in dem mechanischen Mitschreiben oder Anhören des Lernstoffs. Diese Haltung hat innere und äußere Ursachen.

**Innere Ursachen**

Mängel in der Arbeitshaltung
– Bequemlichkeit
– Konsumentenverhalten
– Neigung, notwendige Anstrengungen aufzuschieben
– Hoffnung, den Stoff später nachholen zu können

Psychische Ursachen
- Motivationsmängel
- Konzentrationsschwierigkeiten
- seelische Belastungen
- Mißerfolgstrauma

Mangel an Fachkenntnissen
- Wissenslücken und Wissensrückstände
- Mangel an Überblick und Durchblick
- mangelnde Vorbereitung
- fehlende Übung

NUR WO WISSEN DRAUF STEHT, IST AUCH WISSEN DRIN!

**Äußere Ursachen**

Ebenso zahlreich sind die äußeren Bedingungen, die ein rezeptives Lernen begünstigen und ein aktives erschweren:
- dem Stoff nicht angepaßte Unterrichts- oder Gesprächsformen,
- ungünstige Raum- und Sitzverhältnisse,
- Größe der Lerngruppe.

Viele dieser Mängel kann man beheben, wenn man die Regeln des aktiven Lernens kennt und anwendet.

## 5.2 Aktives Lernen

Unter aktivem Lernen verstehen wir eine solche Art der Informationsaufnahme und Informationsverarbeitung, die durch ein hohes Maß an innerer und äußerer Selbstbeteiligung den Lernprozeß erleichtert und verbessert. Es besteht in einer zielbewußten Beteiligung an Lehrveranstaltungen, die durch Zuhören, Mitdenken, Mitreden und Mitschreiben gekennzeichnet ist.

**Die Vorzüge aktiven Lernens möchten wir Ihnen hier vorstellen:**

- Auseinandersetzung und innere Beteiligung erhöhen die Aufnahmebereitschaft.
- Aktives Lernen ermöglicht in erhöhtem Maße die Verknüpfung neuer Lerninhalte mit bereits bekannten Vorstellungen und Erfahrungen. Dadurch wird die Behaltensquote erhöht.
Jeder hat schon die Erfahrung gemacht, daß es leichter fällt, neue Informationen zu behalten, wenn man sie in einen größeren Zusammenhang einordnet oder mit bereits bekannten Vorstellungen verknüpfen kann. So ist es z.B.

einfacher, die wirtschaftsgeographischen Daten eines Landes zu behalten, wenn wir diese mit seinen klimatischen, topographischen oder siedlungsgeographischen Beschaffenheiten in Beziehung setzen können. Auch beim Lernen von Vokabeln fällt uns das Behalten solcher Wörter leichter, bei denen wir zu bereits bekannten Vokabeln einer anderen Sprache Analogien herstellen können. So fällt es nicht schwer, das englische Wort „table" zu behalten, wenn wir es vom lateinischen „tabula" ableiten können.

– Aktives Lernen erspart Zeit.

Der Zwang zur Anwesenheit beim Unterricht läßt schon aus Gründen der Zeitersparnis eine intensive Nutzung des Unterrichtsangebotes sinnvoll erscheinen. Schüler, die durch die Schulordnung mehr oder weniger gehalten sind, an den Unterrichtsveranstaltungen teilzunehmen, sollten sich vor Augen halten, daß eine aktive Teilnahme am Unterricht dazu beiträgt, die Zeit für die Hausaufgaben zu verkürzen. Die rein körperliche Anwesenheit während der Schulstunde bewirkt noch keinen Lernerfolg. Gleiches gilt für Studenten und die von ihnen besuchten Vorlesungen.

– Aktives Lernen verbessert das Lernklima.

Nicht zu unterschätzen sind auch die Rückwirkungen, die durch das veränderte Lernverhalten des einzelnen auf die Lerngruppe ausgehen. Es fördert die Beteiligungsbereitschaft anderer, wirkt zurück auf den Lehrenden, der durch das Interesse der Zuhörer selbst motiviert und in seiner Haltung gegenüber den Mitarbeitswilligen positiv beeinflußt wird. Durch aktives Lernen trägt der Teilnehmer so zum Gelingen der Lehrveranstaltungen nicht unwesentlich bei.

## 5.2.1 Lernen im Vorgriff

Vorbereitung gehört in vielen Fächern zur selbstverständlichen Praxis, die aber von Lernenden nicht immer geleistet wird. In vielen Fällen mißt man der mündlichen Vorbereitung im weitesten Sinne nicht die Bedeutung bei, die ihr für das Lernen zukommt. Der Alltag verführt dazu, den schriftlichen Hausarbeiten und dem kurzfristigen wiederholenden Lernen für Tests und Klausuren einen höheren Wert zuzuschreiben. Während schriftliche Hausaufgaben vielfach den Zweck verfolgen, gelerntes Wissen einzuüben und zu vertiefen, kommt der langfristigen mündlichen Vorbereitung die Aufgabe zu, den eigentlichen Lernprozeß vorzubereiten und dadurch zu erleichtern. Die häufig praktizierte ausschließlich kurzfristige Vorbereitung ist nicht geeignet, die größeren Zusammenhänge und Beziehungen eines Stoffgebietes deutlich werden zu lassen. Dies hängt damit zusammen, daß es oft nicht gelingt, Einzelinformationen in einen größeren Beziehungszusammenhang einzuordnen, der Detailwissen zu einem Gesamtzusammenhang verknüpft und so längerfristiges Behalten ermöglicht. Das Behalten wird um so wahrscheinlicher und Details sind um so leichter zu erfassen, je mehr es gelingt, **Beziehungen** zwischen verwandten Stoffgebieten herzustellen. So werden Ursachen, Abläufe und Wirkungen der Revolutionen des 19. Jahrhunderts leichter verständlich und besser lernbar, wenn man sie in den geistesgeschichtlichen und sozialen Bezugsrahmen der Epoche einordnen kann. Derjenige, der versucht, orientierendes **Vorwissen** zu erwerben, gewissermaßen „im Vorgriff" zu lernen, wird zudem feststellen, daß in ihm ein größeres Interesse am Stoff und damit auch an den Lehrveranstaltungen erwächst. Er fühlt sich stärker motiviert, da zusammenhängender informiert. Es

fällt ihm leichter, neue Fakten in den bereits vorhandenen Rahmen einzuordnen. Neben der langfristigen Vorbereitung behält natürlich auch die kurzfristige Vorbereitung ihren Wert. Sie kann in der Wiederholung und in der Vorbereitung von einzelnen Lehrveranstaltungen bestehen.

Lernen im Vorgriff verschafft Vorkenntnisse.

Vorkenntnisse
– ermöglichen die leichtere Einordnung neuer Informationen in einen vorhandenen Vorstellungsrahmen und die bessere Verknüpfung mit bereits gespeicherten Kenntnissen;
– ermöglichen gezieltere Fragen, besonders dann, wenn die Vorbereitung auch schon die besonderen Schwierigkeiten des Stoffes aufgedeckt hat;
– erleichtern die Mitschrift und die Strukturierung der Notizen (vgl. 5.3: Mitschreiben – aber wie?);
– bewirken besseres Behalten und ersparen Zeit, weil mit Einsicht und Verständnis gelernt wird und der Unterricht selbst schon eine erste Wiederholung des vorbereiteten Stoffes darstellt.

 **TEST 1** *Selbstbefragung zum Lernprofil*

Füllen Sie Formblatt 6 (Testbogen zum Lernprofil) aus!
Kreisen Sie in den Ziffern 1 bis 10 die für Sie zutreffende Aussage ein! Addieren Sie die Gesamtpunktzahl!

### 5.2.2 Zuhören – Mitdenken – Mitreden – Mitschreiben

Zuhören ist nicht gleich Zuhören. Das Zuhören in der Schule oder das Hören eines Vortrages unterscheiden sich vom Mithören eines unterhaltsamen Stammtischgespräches oder einer Familienunterhaltung in der gleichen Weise wie die Erarbeitung eines Kapitels dieses Buches von dem Konsumieren eines Unterhaltungsromans. Während das eine nur der Entspannung und Unterhaltung dient, ohne daß die dargebotene Information längerfristig gespeichert und reproduzierbar gehalten werden soll, verfolgt das aktive Mithören genau diesen Zweck, das Gehörte zu sichern und verfügbar zu machen. Beim passiven Zuhören besteht in der Regel nicht die Absicht, die Informationen längerfristig zu behalten. Deshalb bemühen wir uns erst gar nicht, Anstrengungen zu unternehmen, die den Prozeß der Speicherung in Gang setzen. Wir müssen uns also be-

wußt werden, daß die langfristige Speicherung von Kenntnissen **aktive geistige Arbeit** voraussetzt, die insbesondere darin besteht, daß wir das Kolleg vorbereiten, das Gehörte mit bereits Gewußtem in Beziehung setzen, dieses kritisch überdenken und versuchen, praktische Anwendung und Konsequenzen aus den Darlegungen zu ziehen. Nur dann wird es uns gelingen, einen aktiven Lernprozeß einzuleiten.

Aus dem so beschriebenen Verhalten ergibt sich als **Vorteil**, daß man aufwendige Nacharbeiten vermeidet und Zeit spart. Prüfen Sie selbst einmal, wie lange Sie in einer Kollegstunde im oben geschilderten Sinne bei der Sache sind, und wägen Sie die Nachteile ab, die sich daraus ergeben, wenn Sie nicht bei der Sache sind: Vielleicht motiviert Sie der Gedanke zum aktiven Zuhören, daß Sie als Schüler ja verpflichtet sind, an den von Ihnen belegten Kursen teilzunehmen. Als Student haben Sie die Möglichkeit, Vorlesungen, die Ihren Erwartungen nicht entsprechen, zu verlassen. Das kann unter Umständen sogar sinnvoll sein, wenn der geforderte Prüfungsstoff besser aus Fachbüchern erarbeitet werden kann. Als Schüler steht Ihnen diese Möglichkeit nicht ohne weiteres offen.

Im übrigen ist es nicht so, daß ein scheinbar schlechter Unterrichts- oder Vortragsstil auch inhaltlich unbefriedigend sein muß. Nicht die Form, sondern der Inhalt bestimmt wesentlich den Wert. Mit den folgenden Überlegungen versuchen wir Ihnen Hilfen zu geben, damit Sie sich auf unterschiedliche Arten der Unterrichtsführung und des Vortragsstils einstellen können. Wir wollen Ihnen beispielhaft drei typisierte Situationen schildern, wie sie im Alltag in jedem Fach in mehr oder weniger großer Annäherung vorkommen können, und Ihnen als Zuhörer **Hinweise für die Mitarbeit** geben.

**Vortragstyp A**

Die Erfahrung zeigt, daß ein als angemessen empfundener Vortrag aus der Sicht des Zuhörers u. a. folgende Elemente aufweist: Das Anspruchsniveau entspricht der Aufnahme- und Denkfähigkeit der überwiegenden Zahl der Zuhörer; die einzelnen Schritte bauen begründet und folgerichtig aufeinander auf; der Unterrichtende strukturiert die Stunde und veranschaulicht den Stoff, z. B. durch Angaben zum Aufbau, Tafelanschriften, Projektionen und Graphiken. Er versucht, die Zuhörer zu beteiligen und ermöglicht die Sicherung der Unterrichtsergebnisse. Ein so oder ähnlich aufgebauter Unterricht bietet für die aktive Mitarbeit die **besten Voraussetzungen**, weil er selbst schon auf Zuhören, Mitdenken und Mitreden angelegt ist und auch das Mitschreiben erleichtert. Da aus verschiedenen Gründen solch ideale Stunden nicht den Regelfall bilden, müssen Sie sich auf abweichende – für Zuhörer meist ungünstigere – Lernsituationen einstellen können.

**Vortragstyp B**

Unter diesem Typ sei ein überforderndes Kolleg verstanden. Das Anspruchsniveau wird von der Mehrzahl der Zuhörer als zu hoch empfunden, das Sprechtempo ist zu schnell, die Begrifflichkeit zu abstrakt oder unbekannt; der Vortragende bietet zu wenig Anschauung, gibt wenige oder keine Strukturierungshilfen, oder der rote Faden zeichnet sich nicht deutlich ab.
Im Unterschied zu einer reinen Vorlesung oder einem Vortrag haben Sie in Schule und Seminar Möglichkeiten der Abhilfe:
– Zwischenfragen stellen,
– zusätzliche Erläuterungen erfragen,
– um Verlangsamung des Sprechtempos bitten,
– um Begriffserläuterungen nachsuchen,
– Beispiele erfragen,
– Unverstandenes in der Niederschrift als solches kennzeichnen,
– den Referenten in der nächsten Stunde um eine kurze Wiederholung bitten,
– offene Fragen mit Kollegen abklären oder diskutieren,
– einschlägige Literatur, Fachbücher oder Lexika heranziehen,
– intensivere Stundenvorbereitung,
– Stoff so schnell wie möglich nacharbeiten.

Besonders wichtig ist jedoch, unverstandene oder nicht aufgenommene Teile in den Mitschriften deutlich anzumerken und die Informationslücken nachträglich aufzufüllen. Nur so ist sichergestellt, daß auch eine solche Lehrveranstaltung dem eigenen Lernfortschritt dient.

**Vortragstyp C**

Bei dem Typ C, der den Zuhörer unterfordert, besteht die Gefahr des „Abschaltens" in verstärkter Form. Ein solcher Vortragsstil läßt sich folgendermaßen charakterisieren: Der umständlich formulierende, sich in Abschweifungen und Einzelheiten verlierende Lehrer oder Dozent liefert wenig Information, unpräzise Begrifflichkeit und ungenaue Definitionen. Der Unterricht wird von der Mehrzahl der Hörer als zu wenig anspruchsvoll empfunden. Der Stoff wird nicht ausreichend strukturiert dargeboten, methodische Schritte und Ziele sind nicht deutlich erkennbar.

Auch hier gibt es Hilfen, den persönlichen Lernerfolg den Umständen entsprechend zu sichern, indem man:
– vorauszudenken versucht,
– Gegenargumente sammelt,
– Fragen vorbereitet,
– den Stoff in bekannte Zusammenhänge zu integrieren versucht,
– mitzuschreiben übt und um möglichst präzise und sinnvolle Anlage der Mitschrift bemüht ist (vgl. 5.3 Mitschreiben – aber wie?)

Ein so geartetes aktives Zuhören bewahrt davor, mit den Gedanken abzuschweifen und damit der Gefahr zu unterliegen, überhaupt den Faden zu verlieren oder die vorhandenen neuen und wesentlichen Gesichtspunkte zu überhören. Gerade eine solche Stunde bietet Gelegenheit, sich im Abfassen klarer und übersichtlicher **Mitschriften** zu üben.

Aus Ihrer Erfahrung werden Sie wissen, daß Lehre nicht nach den Situationen A, B und C idealtypisch verläuft, sondern sich im Regelfall zwischen diesen Typen bewegt, und je nach Fach und Dozent werden Sie Elemente der oben dargestellten Unterrichtssituationen wiedererkennen. Sie müssen aus der jeweiligen Situation den **größten Nutzen** ziehen, indem Sie versuchen, die aufgeführten Regeln und Hilfen anzuwenden. Sie sehen also, daß das Mithören kein passives Verhalten, sondern ein wichtiger und auch **schöpferischer Akt** im Lernprozeß ist, der Energie und aktive geistige Anteilnahme erfordert. Zum Schluß geben wir Ihnen eine Technik an die Hand, die ganz allgemein das Zuhören in der Schule und im außerschulischen Raum (Vorlesungen, Vorträge) erleichtern soll. Wir nennen diese Technik die **TQ 3 L-Methode**.

**Merkmale der TQ 3 L-Methode**

**Tune-in – einstimmen**
Nehmen Sie sich vor, zuhören zu wollen!
Das erfordert Konzentration, Energie und innere Bereitschaft.

**Question – fragen**
Nichts erhöht das Interesse mehr als eine neugierige Fragehaltung.

**Look at the speaker – schauen Sie den Vortragenden an!**
Sein Ausdruck und sein Gebaren enthalten zusätzliche Hinweise auf das, was er für wichtig und wesentlich hält.

**Listen – richtig hinhören**
– Versuchen Sie, Wichtiges von Nebensächlichem zu unterscheiden!
– Achten Sie auf die Art des Vortrages: Betonung und Gesten, Wiederholungen und Hervorhebungen!
– Profitieren Sie von Hinweiswörtern: z. B. „Von besonderer Wichtigkeit ist", „Wie Sie sich erinnern", „Hervorzuheben ist", „Erstens, zweitens, drittens" usw.!
– Achten Sie auf Tafelanschriften!
– Achten Sie auf Literaturhinweise!
– Notieren Sie unbekannte Wörter und Gedanken, besonders solche, die Ihrer eigenen Auffassung widersprechen, denn außergewöhnliche Gedanken sind auf Anhieb schwer zu verstehen und erfordern besondere Aufmerksamkeit! Sie erinnern sich leicht solcher Gedanken, die Ihrer eigenen Vorstellung entsprechen, vergessen aber solche, die ihr widersprechen.

**Look over – durchsehen**
Überschauen Sie von Zeit zu Zeit Ihr Material und vergewissern Sie sich, daß der „rote Faden" und der gedankliche Zusammenhang noch sichtbar sind!

## 5.3 Mitschreiben – aber wie?

In diesem Kapitel wollen wir uns darüber verständigen, welchen Sinn Mitschriften haben und welche Techniken man dabei anwenden kann.
Mitschreiben hat einige **Vorteile**:
– Mitschriften entlasten das Gedächtnis und ermöglichen jederzeit die Wiederholung des Stoffes.
– Sie binden die Aufmerksamkeit und bilden dadurch eine Voraussetzung zum leichteren und längeren Behalten des Stoffes.

- Sie leiten dazu an, sich am Unterricht aktiv zu beteiligen.
- Mitschriften helfen, Struktur und Aufbau eines Stoffgebietes besser zu erfassen.
- Mitschriften sind Grundlagen für Prüfungsvorbereitungen.

Häufig erfüllen Mitschriften nicht die Anforderungen, die an die Qualität von Notizen zu stellen sind, und mindern dadurch deren Wert. Welches aber sind die am häufigsten auftretenden **Mängel**?

- <u>Gebundene Hefte</u>
  Gebundene Hefte erweisen sich als unzweckmäßig für die Oberstufenarbeit und das Studium, weil diese verhindern, daß später notwendige Ergänzungen sinnvoll und übersichtlich eingefügt werden können. Besonders nachteilig wirkt sich das Heft aus, wenn Sie versäumte Stunden in die Unterrichtsfolge einarbeiten wollen. Sollten Sie einmal das Heft vergessen, müssen die Notizen der Stunde nachgetragen werden – ein Zeitaufwand, der vermeidbar ist.
- <u>Ungeeignete Papierformate</u>
  Auf der Rückseite eines Fahrscheines lassen sich kaum zusammenhängende Notizen sammeln!
- <u>Unübersichtliche und ungegliederte Notizen</u>
  Das sind von oben bis unten und vom linken bis zum rechten Rand vollgeschriebene Notizblätter und unstrukturierte Notizen, die den formalen Aufbau einer Kollegstunde oder einer Lehreinheit nicht erkennen lassen.
- Perfektionismus
  Dies ist der meist vergebliche und überflüssige Versuch, alles wörtlich mitschreiben zu wollen. (weiter auf S. 50)

  *Mitschriften prüfen*

1. Prüfen Sie Ihre Mitschriften daraufhin, ob sie sich als Arbeitsunterlagen für Wiederholungen, als Lernstoff oder zu einer Prüfungsvorbereitung eignen! Versuchen Sie stichwortartig die Vorzüge und Mängel zu formulieren!

2. Bevor Sie das nächste Kapitel lesen, überlegen und halten Sie stichwortartig fest, welche Verbesserungen Sie bei Ihren Mitschriften für angebracht halten! Vergleichen Sie dann anhand des nächsten Abschnittes Ihre Überlegungen mit den folgenden Vorschlägen!

– Keine oder unzureichende Notizen

Aus diesen Fehlern ergeben sich zum Teil schon die Formen der Mitschrift, die sich als geeignet und im Sinne eines aktiven Lernens als zweckmäßig erwiesen haben.

## 5.3.1 Form der Mitschrift

Benutzen Sie **lose Blätter**, die unmittelbar nach der Stunde den einzelnen Fachgebieten in einem Ringbuch oder einem Ordner beigeheftet werden!
Der Vorteil dieses Verfahrens liegt darin, daß nur ein oder zwei Ringbücher bzw. Ordner ständig bei den Kursen oder Unterrichtsveranstaltungen mitgeführt werden müssen.
Lose Blätter eignen sich für die Anfertigung von Ergänzungen, die der Lehrer zu Beginn der nächsten Stunde als Zusammenfassung des besprochenen Stoffes gibt (Korrekturen, Änderungen, Streichungen etc.; s. w. u. Formblatt).
Es ist zweckmäßig, ein gewähltes **Papierformat** ständig beizubehalten. Besonders empfiehlt sich das Format DIN A4, da viele Ordnungssysteme (Schnellhefter, Ringbücher, Ordner, Handregistraturen, Ablagen usw.) und Vervielfältigungsgeräte (Fotokopierautomaten und Vervielfältiger) auf diese Papiergröße eingestellt sind.
Generell sollen die Blätter nur **einseitig** beschriftet werden, weil so Notizen leichter wieder auffindbar sind und die Rückseite für Änderungen und Neufassungen zur Verfügung steht, ohne daß sich die fortlaufende Numerierung ändert. Hier durch beidseitige Beschriftung eines Blattes Papier sparen zu wollen, heißt an der falschen Stelle sparen.
Ein Lose-Blatt-System vermeidet zusätzliche Arbeit, da lose Blätter jederzeit an die richtige Stelle des Ordners beigefügt werden können.
Zum Ordnungssystem der losen Blätter gehört eine **fortlaufende Numerierung** der Blätter jedes Fachgebietes, zur richtigen Zuordnung des Blattes die Angabe des Faches oder des Kurses/Stoffgebietes und das Datum der Stunde: z. B. *Mathematik – Analysis I – 8. 3. 93.*

Die **Ordnungsmittel** für die Lose-Blatt-Mitschrift sind Ordner, Ringbücher, Schnellhefter.
**Ordner** und **Ringbücher** eignen sich dazu, die Mitschriften verschiedener Fächer und Kurse mit Hilfe von Registratureinlagen übersichtlich zu ordnen. Sie erlauben es, Umdrucke, Illustrationen, Textauszüge, Arbeitspapiere und Zeitungsausschnitte an der jeweils geeigneten Stelle abzuheften. Aus einem Ordner kann man jederzeit Informationen, die einen bestimmten Umfang erreicht haben, ausgliedern und in einen Schnellhefter ablegen, um nur jeweils neuere Notizblätter bei sich führen zu müssen.

Der **Schnellhefter** ist ein Subordnungssystem des Ordners oder des Ringbuches. In ihm werden fortlaufend die Blätter der einzelnen Fachgebiete abgeheftet, welche die eigentliche Unterlage für zusammenfassende Wiederholungen und Prüfungsvorbereitungen darstellen.

Die unvorteilhafte Form der Mitschrift – enge Beschriftung des Blattes von Rand zu Rand und von oben bis unten – kann verbessert werden, wenn man die Notizblätter gedanklich oder tatsächlich in vier Rechtecke einteilt.

| | Kopfspalte (4) | |
|---|---|---|
| Heftrand (5) | Text (1) | Anmerkungen (2) |
| | Zusätze (3) | |

**Textteil** (1):
Er bildet das **Kernstück** des Blattes und dient der Aufnahme der eigentlichen Mitschrift. Er enthält die Notizen der Stunde: Tafelanschriften, Gesprächsergebnisse, Diktate, Definitionen, Schlagwörter, Gliederungen, Begriffe.

**Anmerkungsteil** (2):
Er dient der Aufnahme von Anmerkungen und Lernhilfen: Korrekturen, Zusammenfassungen, Lernmaterial, Schlüsselbegriffe, die der schnellen Wiederholung, dem raschen Wiederauffinden der Notizen und dem leichteren Lernen dienen. Das Ausfüllen dieser Spalte geschieht vorwiegend bei der **Überarbeitung** und Rekapitulation des Stoffes. Auf ihr sollen aber auch während der Aufnahme der Hauptnotizen bereits Abkürzungen und besondere Kennzeichnungen, wie Fragen, Zusammenfassungen, Unklarheiten oder Kerngedanken, eingetragen werden.

**Zusatzliste** (3):
Die Zusatzliste nimmt eigene Gedanken, Querverweise und Ergänzungen auf, die sich z.B. bei zusätzlicher Lektüre ergeben. Ebenfalls sollten hier Querver-

weise zu anderen Fachgebieten, anderen Fächern und früher behandelten Stoffen festgehalten werden.

**Kopfspalte** (4):
Auf ihr werden die Seitenzahl, die fortlaufende Numerierung, das Fach, der Kurs, Stichwort und Datum der Lehrveranstaltung eingetragen. Sie dient der sachlogischen Einordnung und dem späteren Wiederauffinden der Mitschrift.

**Heftrand** (5):
(ca. 2–3 cm): Er ermöglicht die Lochung und Abheftung der Notizblätter.
Das Formblatt 7 soll Ihnen Anregungen und Hilfen geben, wie Sie Ihre Mitschriften formal und inhaltlich gestalten können.

### 5.3.2 Ratschläge und Regeln zum Mitschreiben

Die Technik des Mitschreibens und Notierens ist eine wirksame Hilfe, Lern- und Arbeitsgewohnheiten zu verbessern und wichtige Informationen bereitzuhalten. Man lebt oft in der falschen Vorstellung, es genüge, alles richtig verstanden zu haben, um es auch behalten zu können. Das ist ein verhängnisvoller Irrtum. Zwar ist das Verständnis der erste notwendige Schritt zum Behalten, aber allein nicht ausreichend. Man muß das Gehörte auch schriftlich fixieren. Wenn Sie Notizen machen, entwickeln Sie allmählich die Fertigkeit, **wichtige Informationen** von unwichtigen zu unterscheiden. Der Schlüssel zu einer solchen Fertigkeit ist Übung. Damit Sie Ihre Mitschreibtechnik verbessern und auch den Fortschritt kontrollieren können, geben wir Ihnen im folgenden Ratschläge und Regeln zur Mitschreibtechnik.

Fünf Überlegungen bestätigen den **Wert der Mitschrift**:
– Sie bildet eine geschriebene Unterlage für die Wiederholung.
– Sie umschreibt bestimmte, fest umgrenzte Lernaufgaben.
– Sie zwingt den Zuhörer zur Aufmerksamkeit.
– Sie verlangt aktives Mittun des Zuhörers.

Der Zuhörer muß das Gehörte zusammenfassen und in eigene Worte kleiden. Dabei wird er gezwungen, sein Verständnis zu überprüfen.

Bevor Sie mitschreiben, prüfen Sie, ob und wieviel mitgeschrieben werden muß! Sind Notizen dieser Stunde notwendig? Sind Lehrbücher und Umdrucke zum Thema vorhanden? Auch eine gute und die Mitarbeit herausfordernde Stunde erfordert Notizen. Eine Sache nur einmal zu hören, reicht nicht aus. Behalten erfordert Verstehen und Wiederholung.

Während Sie mitschreiben, streben Sie keine wörtlichen Stenogramme an! Sie sind in der Regel überflüssig.
- Halten Sie nur die wichtigsten Gedanken fest.
- Formulieren Sie grundsätzlich mit eigenen Worten.
- Gewöhnen Sie sich an eine bestimmte Technik, wichtige Aussagen zu unterstreichen oder hervorzuheben.
- Notieren Sie Aufbau und Gliederung der Stunde/des Vortrags/der Vorlesung, denn die Gliederung erleichtert Lernen und Behalten und bildet ein Gerüst, dessen Lücken später ausgefüllt werden können.
- Achten Sie auf einschränkende oder relativierende Ausdrücke wie „manchmal", „selten", „häufig" …!
- Beachten Sie die Ausdrücke, die Erweiterungen oder Gegensätze signalisieren: „aber", „jedoch", „auf der anderen Seite", „dennoch", „dagegen" …

Seien Sie ein **aktiver**, nicht ein passiver **Zuhörer**!
- Stellen Sie Fragen und diskutieren Sie, wenn sich die Möglichkeit dazu bietet, wenn nicht, notieren Sie die Fragen in Ihre Mitschrift.
- Suchen Sie Meinungen von Tatsachen zu unterscheiden. Fragen Sie nach den unausgesprochenen Voraussetzungen, Intentionen und Interessen.
- Üben Sie sich darin, gleichzeitig zuzuhören und mitzuschreiben. Das ist durch ständige Übung erlernbar.

Entwickeln Sie ein anwendbares System von **Mitschreibtechniken**!
- Beschränken Sie sich auf Einzelwörter, schlagwortartige Ausdrücke und Kurzsätze. Vermeiden Sie die Mitschrift ganzer Sätze.

Entwickeln Sie ein individuelles System von **abkürzenden Schreibweisen** und üben Sie sich in dessen Anwendung!
- Lassen Sie alle Wörter fort, die beim Durchlesen ohne weiteres rekonstruiert werden können.

- Verwenden Sie Verkürzungen (z. B. Mathe., Uni., Reli) und eingeführte Abkürzungen (usw., s. o. ...) Verwenden Sie Symbole: +, =, §, #.

<u>Nachdem</u> Sie mitgeschrieben haben, planen Sie Zeit zur **Aufarbeitung der Notizen** ein, denn Notizen sind Ihr schriftliches Gedächtnis!
- Durchsicht und Aufarbeitung der Notizen sollen so früh wie möglich nach der Unterrichtsstunde, dem Vortrag, der Vorlesung erfolgen. Dies ermöglicht Korrektur und Ergänzung noch unter dem Eindruck des Gehörten.
- Ergänzen Sie unvollständige oder zu knapp ausgefallene Teile. Mechanisches Abschreiben oder Abtippen allein ist sinnlos.
- Vergleichen Sie Ihre Unterlagen mit denen eines anderen Kursteilnehmers.
- Suchen Sie Antworten auf noch offene Fragen.
- Fassen Sie die Kerngedanken der Stunde/der Vorlesung/des Vortrags kurz zusammen.
- Formulieren Sie zur Wiederholung und zur Selbstkontrolle aus der Stundenniederschrift verschiedene Testfragen (nichts anderes tut der Prüfer, wenn er Tests zusammenstellt).

Ihre Mitschriften sind Ihr Lerngerüst. Deshalb **wiederholen** Sie in bestimmten Zeitintervallen!
- Regelmäßige Wiederholung ist wesentlich lernwirksamer als ein punktueller Kraftakt vor der Prüfung. 50 % des Gehörten vergißt man sofort, zwei Monate später weitere 25 %. Aber das Wiederauffrischen der Kenntnisse beansprucht weniger Zeit, wenn die Wiederholung möglichst unmittelbar geschieht.

Vergleichen Sie den Inhalt Ihrer Aufzeichnungen mit Ihren eigenen **Erfahrungen**!
- Verschlingen Sie nichts unkritisch; aber verwerfen Sie nicht alles, was Ihnen fremd oder unrichtig erscheint.
- Seien Sie willens, Vorstellungen und Meinungen, die zu Ihren Gedanken in Widerspruch stehen, eine Zeitlang im Gedächtnis zu behalten.

  *Notizen vergleichen*

**ÜBUNG 3**

Verbessern Sie Ihre Mitschreibtechnik, indem Sie Ihre Notizen mit denen von Kollegen vergleichen! Welche Techniken sind besser als die eigenen? Welche Vorzüge haben Ihre eigenen Notizen?

### 5.3.3 Abkürzungen

Abkürzungen erleichtern die Mitschrift und bringen Zeitersparnis. In vielen Fällen benutzen Sie zweckmäßigerweise die allgemein üblichen Abkürzungen, z. B. USA, EG, UNO, AEG usw.; in Ergänzung dazu können Sie sich ein eigenes System von Abkürzungen häufig vorkommender Wörter und Begriffe aneignen.
Nachfolgend einige Abkürzungsregeln:
- Greifen Sie nach Möglichkeiten auf die allgemein üblichen Abkürzungen zurück.
- Im allgemeinen werden einsilbige Wörter ausgeschrieben: Buch, Hand, Griff.
- Lassen Sie überflüssige Buchstaben – häufig Vokale – weg: Hauptmann – Hptm.; Leitung – Ltg.; Rechnung – Rechg.

- Trennen Sie das abgekürzte Bestimmungswort durch einen Bindestrich vom Grundwort ab: E-Werk – Elektrizitätswerk; M-Schlosser – Maschinenschlosser; U-Bahn – Untergrundbahn.
- Wenn es keine „offizielle" Abkürzung gibt, genügt oft die erste Silbe, um das Wort zu identifizieren: Bibliothek – Bibl; verschiedene – versch.
- Wenn das Wort durch die Abkürzung seine Eindeutigkeit verliert, ist es auszuschreiben.
- Fügen Sie ein „s" an die Abkürzung, um den Plural auszudrücken: AG – Arbeitsgemeinschaft/Aktiengesellschaft; AGs – Arbeitsgemeinschaften/Aktiengesellschaften.

- Ergänzen Sie nicht eindeutige Abkürzungen bei der Überarbeitung der Stundenmitschrift.
- Benutzen Sie Zeichen und Symbole, die Ihnen bei der Aufarbeitung der Mitschrift nützlich sind:
?: Klärung notwendig
!: wichtig
Zus: Zusammenfassung

Abkürzungen sind dann gut, wenn sie
- keine überflüssigen Buchstaben enthalten,
- sofort identifizierbar sind,
- und nach einer festen Regel gebildet werden.

# AUFGABE 10  Mitschriften vergleichen

**Version A**

> ### Lesemethoden
>
> → Sachbücher / Artikel
> „Fünf-Schritt-Methode" (5-Punkt-Methode)
>
> └ 1. Überfliegen:
>    - Durchblättern
>    - Inhaltsverzeichnis → Zusammenhang
>    - Überschriften / Untertitel
>    - Zusammenfassung → wichtigste Informationen?
>
> └ 2. Fragen:                        ? schriftlich oder mündlich
>    - Was weiß ich? Vorkenntnisse?
>    - Was will ich noch wissen?
>    - Fremdwörter
>    - Anwendungsmöglichkeiten
>    - Größerer Zusammenhang der Informationen?
>
> └ 3. Lesen:                            !!
>    - Antworten auf Fragen suchen
>    - Zeichnungen / Tabellen!
>
> └ 4. Zusammenfassen:
>    - Pausen einlegen und überlegen
>         └ Wichtige Informationen
>         └ Antworten auf Fragen
>         └ Markieren: Wörter, Sätze
>
> └ 5. Wiederholen:                   nachlesen
>    Gesamtzusammenhang herstellen
>    Antworten auf Fragen prüfen
>    Ergänzen
>
> Lit. Hülshoff / Kaldewey, Training

Hier finden Sie zwei Mitschriften eines Vortrags zum Thema „Lernmethoden". Untersuchen sie die beiden Mitschriften! Stellen Sie die Vorzüge des stichwortartigen Textes fest und benennen Sie die Nachteile des ausformulierten Textes! Vergleichen Sie hierzu die Ausführungen im Lösungsheft und im Kapitel „Lesemethoden"!

**Version B**

## Lesemethoden

Lesen von Sachbüchern und Artikeln

Für gründliches Lesen und Verstehen empfiehlt sich die Fünf-Schritt-Methode (5-Punkt-Methode):

1. Überfliegen: Vor dem Lesen Kapitel oder Artikel kurz durchblättern. Zusammenhang des Kapitels im Inhaltsverzeichnis feststellen, Zusammenfassungen lesen, um die wichtigsten Informationen festzustellen. 2. Fragen: Wir stellen Fragen nach Fremdwörtern und überlegen uns, was wir aus dem Gebiet schon wissen. Weitere Fragen: Welche Kenntnisse lassen sich praktisch anwenden? In welchem Zusammenhang lassen sich die Informationen einordnen? 3. Lesen: erst jetzt beginnen wir mit dem Lesen. Dabei achten wir besonders darauf, Antworten auf unsere Fragen zu finden. Zeichnungen und Tabellen lassen wir nicht einfach aus, sondern versuchen, sie aus dem Textzusammenhang zu verstehen.

4. Zusammenfassen: Pause nach einem größeren Abschnitt. — Wir überlegen: welche Informationen die wichtigsten waren, welche unserer Fragen beantwortet wurden. Unterstreichen wichtiger Wörter und Sätze – Zusammenfassungen festhalten.

5. Wiederholen: Nach der Lektüre der Einzelteile des Textes stellen wir den Gesamtzusammenhang wieder her. Nochmals lesen. Überprüfen, ob alle Fragen beantwortet wurden. Notizen ergänzen.

## 5.4 Verlaufsprotokolle – Ergebnisprotokolle – Versuchsprotokolle

Das Protokoll ist die in Schule, Studium und Berufsleben am häufigsten vorkommende Berichtsform.

Es hat die Aufgabe, Verlauf, Inhalt und Ergebnisse von Unterrichtsstunden, schulischen Veranstaltungen, Seminaren, Konferenzen usw. verbindlich festzuhalten. Im Unterricht der Schule und im Seminar der Hochschule dient das Protokoll in erster Linie dazu, Gelerntes und Erarbeitetes zu sichern und für die Weiterarbeit in der darauffolgenden Stunde oder zur Prüfungsvorbereitung verfügbar zu halten. Aus den Aufzeichnungen eines Stundenprotokolls muß der Verlauf der Stunde so klar hervorgehen, daß ihm ein fehlender Kursteilnehmer **alles Wesentliche** über den besprochenen Gegenstand entnehmen kann.

Wichtiger als die Wiedergabe vieler Details ist es, den **inneren Zusammenhang** der besprochenen Einzelheiten deutlich zu machen. Im außerschulischen Bereich hat das Protokoll in der Regel einen dokumentarischen Charakter. Bei Meinungsverschiedenheiten über Gesprächs- oder Verhandlungsergebnisse, Abstimmungen und Beschlüsse hat es Beweiskraft, wenn es genehmigt und mit den Unterschriften des Protokollführers und des Vorsitzenden versehen ist. Da deshalb vom Protokollanten eine besondere Aufmerksamkeit und Sorgfalt erwartet wird, muß die Technik der Protokollführung geübt werden.

---

**Unterrichtsprotokoll/Seminarprotokoll**

- Gesprächs- oder Seminarthema
- Verlauf des Gesprächs/Vortrags
- Themen, Medien (Texte, Arbeitsblätter, graphische Darstellung)
- Tafelanschriften, Referate
- Gesprächsbeiträge, Literaturhinweise, Quellennachweise

**Sitzungsprotokoll**

- Tagesordnungspunkte
- Inhalt der Gesprächsbeiträge
- Wichtige Standpunkte, Thesen, Argumente

- Zwischenergebnisse
- Ergebnisse
- Zusammenfassungen
- Unterschrift des Protokollführers und Sitzungsleiters

Man unterscheidet zwischen Verhandlungs- oder Verlaufsprotokollen und Ergebnis- oder Beschlußprotokollen. Eine Sonderform ist das naturwissenschaftliche Versuchsprotokoll.

Das Verhandlungsprotokoll oder **Verlaufsprotokoll** soll Verlauf und Ergebnisse einer schulischen oder außerschulischen Veranstaltung festhalten. Neben den Formalien (Beginn, Ende, Anwesende [vgl. Formblatt]) muß das Protokoll die folgenden Inhalte umfassen:

Das Formblatt 8 gibt Hinweise zum formalen Aufbau eines Sitzungsprotokolls.

---

Beispiel eines Verlaufsprotokolls

Protokoll der Deutschstunde vom 5. April 19...
Anwesend: Herr Dr. Müller und alle Schüler außer Helmers (krank) und Heßberger (beurlaubt). Berichterstatter: Klaus Dölling

1. Verlesung des Protokolls der letzten Stunde durch Jürgen Großmann. Da es die erste Niederschrift ist, die in unserer Klasse angefertigt wurde, wollen wir die heutige Stunde dazu benutzen, uns an diesem Beispiel Wesen und Form des Unterrichtsprotokolls klarzumachen.
2. Das Unterrichtsprotokoll:
a) Großmann wechselt in seinem Protokoll zwischen Stichwörtern und zusammenhängender Darstellung ab. Über die Frage, was vorzuziehen sei, kommen wir zu folgendem Ergebnis: Das Protokoll muß so klar abgefaßt sein, daß auch derjenige, der nicht anwesend war, ein klares Bild von der Stunde erhält. Das ist nur möglich bei zusammenhängender Darstellung. Stichwörter dürfen nur ausnahmsweise in solchen Fällen angewendet werden, wo ein Mißverständnis ausgeschlossen ist.
b) Systematische Ordnung oder zeitlicher Ablauf?
Die einen, besonders Schulz, ziehen eine systematisch geordnete Inhaltsangabe vor und begründen das damit, daß es hauptsächlich auf den Stoff ankomme, den man später für Wiederholungen wieder nachlesen könne. Die anderen, besonders Kästner, weisen auf die Protokolle bei politischen Verhandlungen hin und fordern, daß auch der Verlauf der Stunde und die Meinung der Gesprächsteilnehmer aus der Niederschrift ersichtlich sein müßten. Herr Dr. Müller macht uns darauf aufmerksam, daß nicht alle Stunden gleich sind. Wir einigen uns dahin, daß beide Formen des Protokolls ihre Berechtigung haben, die erste, wenn es mehr auf den Stoff, die zweite, wenn es auf den Verlauf eines Gesprächs ankommt. Auf jeden Fall aber müssen die Ergebnisse des Unterrichts aus der Niederschrift deutlich werden.

c) Die Rolle des Protokollführers
Dierolf wirft die Frage auf, ob der Protokollführer in der Niederschrift auch seine eigene Meinung aussprechen dürfe, wie Großman es an einer Stelle getan hat. Er selber lehne das ab, bei Gericht dürfe das auch nicht sein. Herr Dr. Müller weist uns in dem folgenden Gespräch darauf hin, daß zwischen einem Stenographen und dem Protokollführer einer Klasse ein wesentlicher Unterschied besteht. Ergebnis des Gesprächs: Unsere Protokollführer sind gleichberechtigte Diskussionsteilnehmer; deshalb ist es gestattet, die eigene Meinung zu vermerken. Sie muß aber deutlich als solche kenntlich sein.
d) Die Darstellungsform
In der Darstellungsform hat das Protokoll Ähnlichkeit mit der Inhaltsangabe, die sich auch auf das Wesentliche beschränken muß. Beide sind Berichte; die sprachliche Darstellung muß deshalb sachlich, knapp und klar sein.
Klaus Dölling

Entnommen aus: Thiel, Hans: Unsere Muttersprache. Arbeitshefte für den Deutschunterricht, Heft 6, Frankfurt–Berlin–Bonn–München (Diesterweg), 6. Aufl. 1968, S. 17/18.

Das Formblatt 9 enthält Anregungen und wichtige Elemente für die Gestaltung eines Unterrichtsprotokolls.

Das Verlaufsprotokoll ist nicht mit einem **Verhandlungsstenogramm** zu verwechseln. Der Protokollführer muß Gesprächsbeiträge auf das Wesentliche reduzieren, ohne sie inhaltlich zu verfälschen. Legt aber ein Gesprächsteilnehmer ausdrücklichen Wert darauf, daß sein Beitrag in das Protokoll aufgenommen wird (Geschäftsverhandlungen), so ist diesem Wunsche nachzukommen.

Das **Ergebnisprotokoll** oder Beschlußprotokoll ist die Kurzform des Verhandlungs- oder Verlaufsprotokolls. Neben den Formalien enthält es in konzentrierter Form die Ergebnisse des Unterrichts oder einer Sitzung.

## AUFGABE 11 ▶ Ergebnisprotokoll verfassen

Fassen Sie das oben abgedruckte Verlaufsprotokoll zu einem Ergebnisprotokoll zusammen!

Das **naturwissenschaftliche Versuchsprotokoll** bildet eine Sonderform des Verlaufsprotokolls. Bei ihm ist besonders auf eine knappe und fachlich präzise Ausdrucksweise Wert zu legen. Von Protokollen in geisteswissenschaftlichen Fächern unterscheidet sich das naturwissenschaftliche Protokoll häufig in Form und Inhalt.

Charakteristische formale Kennzeichen sind:
– Skizzen,
– statistische Tabellen,
– graphische Darstellungen,
– mathematische Berechnungen,
– Formeln (chemische Gleichungen).

Inhaltlich sollte das naturwissenschaftliche Versuchsprotokoll folgende Elemente enthalten:
- Aufgabenstellung;
- Versuchsbeschreibung: Versuchsaufbau, Versuchsablauf, Versuchsergebnisse;
- Deutung der Versuchsergebnisse; eventuell Ableitung von Gesetzen oder Bestätigung von Hypothesen usw.

## 5.5 Nachbereitung/Hausaufgaben

Viele Schüler empfinden die Hausaufgaben als eine besondere Belastung, die sie deshalb lustlos vor sich herschieben, unzureichend anfertigen oder auf die sie häufig ganz verzichten. Daraus entstehen Konflikte zwischen Lehrern und Schülern, die das Arbeitsklima belasten und die Arbeitsfreude mindern. Auch in vielen Familien stellen die Hausaufgaben eine ständige Quelle von Streit und Ärger zwischen Kindern und Eltern dar. Die folgenden Hinweise sollen Ihnen den Sinn der Hausaufgaben verdeutlichen und Ihnen einige Hilfen bieten, wie Sie diese „lästige", aber notwendige Schülerpflicht erfüllen können. Was für den Schüler die Hausaufgaben, sind für den Studenten die Nachbereitungen von Vorlesungen und Seminaren. Mit den Hausaufgaben der Schule wird nur eingeübt, was an der Hochschule in eigener Verantwortung vom Studenten als Nacharbeit geleistet werden muß. „Hausaufgaben" an der Hochschule sind z.B. Entwürfe, Hausarbeiten, Referate und v.a.m.

### 5.5.1 Warum Hausaufgaben?

Mit den Hausaufgaben werden unterschiedliche Zwecke verfolgt. **Übungsaufgaben** sollen das im Unterricht erarbeitete Wissen vertiefen und festigen. **Anwendungsaufgaben** sollen helfen, das gelernte Wissen und die erworbenen Fähigkeiten auf neue Lernsituationen zu übertragen. Ein Großteil der Hausaufgaben, vor allem in den geisteswissenschaftlichen Fächern, dient der **Vorbereitung** der Unterrichtsarbeit.
Darüber hinaus ermöglichen die Hausaufgaben dem Schüler, seinen **Lernerfolg** zu kontrollieren, Lücken festzustellen und diese durch Rückfragen im Unterricht oder bei Mitschülern auszufüllen. Ganz allgemein werden die Hausaufgaben als ein Mittel angesehen, den Schüler zu selbständiger Arbeit hinzuführen und diese einzuüben. Aus diesen Gründen bilden die Hausaufgaben nicht nur eine sinnvolle, sondern auch notwendige Ergänzung zur Unterrichtsarbeit in

der Schule. Naturgemäß richten sich die folgenden Ausführungen weniger an Studenten als an Schüler, denen wir den Zweck der Hausaufgaben verdeutlichen und deren Organisation wir erleichtern wollen.

### 5.5.2 Wann Hausaufgaben?

Über den Zeitpunkt, wann die Hausaufgaben am besten gemacht werden, lassen sich keine allgemeingültigen Aussagen machen. Der für Sie geeignete Zeitpunkt ist abhängig von der Schulzeit (Vormittags- oder Nachmittagsunterricht), den Bedingungen zu Hause und von Ihrem individuellen Lebensrhythmus. Da Sie aus diesen Gründen den für Sie am besten geeigneten Zeitpunkt selbst herausfinden müssen, sollen nur einige Erfahrungen als allgemeine Regeln mitgeteilt werden.

Weil der Mensch feste Gewohnheiten liebt, sollten Sie in Ihrer Arbeitsplanung **feste Zeiten** für die Hausaufgaben vorsehen und diese auch einzuhalten versuchen. Da die Hausaufgaben zur regelmäßigen „Arbeitszeit" des Schülers gehören, ist es zweckmäßig, die Umgebung davon in Kenntnis zu setzen und Eltern und Freunde um Verständnis dafür zu bitten, daß diese Zeit nicht durch Telefongespräche o. ä. unterbrochen wird. Sie selbst können dafür sorgen, daß Sie in Ihrem Zeitplan möglichst **größere zusammenhängende Lernphasen** vorsehen, weil das Lernen eine „Aufwärmphase" und schwierigere Probleme längere Konzentration und Ausdauer verlangen. Als Arbeitszeit wird für den Schüler in der Regel der Nachmittag zu empfehlen sein. Zwar spricht nichts gegen geistige Arbeit am Abend oder in der Nacht, nur werden Sie bedenken müssen, daß zu wenig Schlaf die Aufmerksamkeit beim Unterricht am nächsten Tag beeinträchtigt und die Leistungsfähigkeit mindert. Zweckmäßig ist eine **Erholungspause** nach dem Mittagessen zur Überwindung der Mittagsmüdigkeit – *Plenus venter non studet libenter.* –, um von den Ereignissen des Schulmorgens Abstand zu gewinnen und um sich dann auf die Aufgaben konzentrieren zu können. Auch während der Arbeit sollte man auf Pausen achten, besonders dann, wenn man sich „festgebissen" hat und in seiner Arbeit nicht weiterkommt.

### 5.5.3 Wieviel Zeit für Hausaufgaben?

Die Zeit, die der Schüler für seine Hausaufgaben aufwendet, ist natürlich individuell verschieden und abhängig von der Quantität und vom Schwierigkeitsgrad der Aufgaben, von situativen Bedingungen (bevorstehende Klassenarbeiten, Prüfungen, ruhiger und zweckmäßig eingerichteter Arbeitsplatz), von der persönlichen Motivation und vom individuellen Lerntempo sowie von anderen äußeren oder inneren Störfaktoren. Wenn die von Ihnen für die häusliche Arbeit aufgewendete Zeit dauernd ein zumutbares Maß überschreiten sollte, liegen die Ursachen entweder außerhalb Ihres direkten Einflußbereiches in der Art der Aufgaben selbst oder in Ihrem Arbeitsstil. Dies stellen Sie am besten fest, indem Sie mit Ihren Kameraden über einige Zeit hin die Aufgaben eines Tages, einer Woche und getrennt für die einzelnen Fächer unter dem Gesichtspunkt notieren und vergleichen, für welches Fach Sie ungewöhnlich viel Zeit aufwenden.
Sollte der Zeitaufwand bei den meisten Schülern nach Ansicht Ihrer Gruppe gleichermaßen zu hoch sein, ist ein Gespräch mit dem Lehrer sinnvoll. Wenn Sie allein mit Ihrer Arbeitszeit den Rahmen des Üblichen überschreiten, können Ihnen z. B. folgende Überlegungen bei der Suche nach den Ursachen helfen:

Äußere Störfaktoren
– Ist mein Arbeitsplatz unzweckmäßig oder ungenügend ausgestattet?
– Werde ich durch äußere Einflüsse (Freunde, Familie usw.) zu häufig gestört?

Innere Störfaktoren
– Leide ich unter Konzentrations- oder Motivationsmängeln?
– Fehlen mir wichtige Kenntnisse, die für die Erledigung der Hausaufgaben notwendig sind?
– Ist meine Zeitplanung zweckmäßig?
– Beherrsche ich notwendige Arbeitstechniken nicht genügend?

## AUFGABE 12  Störfaktoren vermeiden

Untersuchen Sie anhand des folgenden Schemas, ob Sie den Zeitaufwand für die Hausaufgaben verringern können!

**Störfaktoren bei Hausaufgaben**

| Äußere Störfaktoren | Mögliche Abhilfe |
|---|---|
| Unzweckmäßige Ausstattung des Arbeitsplatzes | |
| Ungenügende Ausstattung des Arbeitsplatzes | |
| Störungen: | |
| – durch Geschwister | |
| – durch andere Familienmitglieder | |
| – durch Freunde und Bekannte | |
| – durch Telefongespräche | |
| – durch Lärmbelästigungen | |
| – durch Radio, Plattenspieler | |
| Andere Störungen / anderes | |
| **Innere Störfaktoren** | |
| Konzentrationsmängel | |
| Motivationsmängel | |
| Mangel an Kenntnissen | |
| Fehler in der Arbeitsplanung | |
| Unzureichende Arbeitstechniken | |

### 5.5.4 Hausaufgaben sinnvoll erledigen

Wie beim Lernen überhaupt gibt es auch im Hinblick auf die Hausaufgaben Umstände, die den Lernerfolg und die Lernqualität fördern oder mindern.

**Hausaufgaben zweckmäßig aufteilen**

Aufwärmphase

Bevor ein Automotor zur vollen Leistung aufläuft, benötigt er Starthilfen, die dann zurückgenommen werden, wenn er seine Regelleistung erreicht. Ähnlich ergeht es häufig uns, wenn wir zu arbeiten beginnen und zunächst innere Widerstände überwinden müssen. In Kenntnis dieser psychischen Faktoren hilft auch bei der Erledigung der Hausaufgaben eine Aufwärmphase über die ersten Widerstände hinweg. Es erscheint deshalb zweckmäßig, zunächst solche Aufgaben zu erledigen, die man **gerne** tut und die deshalb zu weiterer Arbeit motivieren. Das sind Arbeiten für solche Fächer, die einem besonders liegen, für die man besonders leicht lernt und deren Erledigung ein erstes „Erfolgserlebnis" schafft. Grundsätzlich sollten am Anfang der Lernphase Inhalte stehen, die aus sich heraus spontanes Interesse und Lernbereitschaft herausfordern. Damit schafft man durch **Erfolgserlebnisse** Motivationen für die weitere Arbeit.

Konzentrationsphase

Der warmgelaufene Motor überwindet nun auch Steigungen und schwieriges Gelände. In dieser zweiten Phase sind **komplizierte Stoffe** zu erledigen, die Konzentration, Ausdauer und problemlösendes Verhalten verlangen. Diese Anforderungen stellen zum Beispiel schriftliche Aufgaben, in denen Rechnungen durchgeführt werden müssen oder bei denen es auf exakte Formulierungen ankommt. Auch das Vokabellernen und Übersetzungen gehören in diese Phase.

Lese- und Repetitionsphase

Nach einem Schulmorgen sind die Möglichkeiten für ein Arbeiten mit hoher Konzentration, bei dem neuer Wissensstoff erarbeitet oder gelernt werden muß, begrenzt. Das schließt aber nicht aus, daß in einer dritten Phase mehr routinemäßige oder wiederholende Arbeiten geleistet werden: Wiederholungen, Lektüre, mündliche Vorbereitung, Aufarbeitung der Mitschriften, praktische Arbeiten in musischen Fächern u.a.m.

**Pausen beachten und Abwechslungen schaffen**

In Betrieben wird durch wissenschaftliche Methoden ermittelt, wie der Arbeitsablauf durch planmäßige Pausen der physischen Belastbarkeit des Arbeitnehmers angepaßt werden kann. Ähnlich exakte Untersuchungen liegen für die geistige Arbeit nicht vor. Aber die Erfahrung zeigt, daß planvolle Pausen auch beim geistig arbeitenden Menschen die **Arbeitsproduktivität erhöhen**. Auf die

*Ruhezeiten einplanen!*

Hausaufgaben bezogen bedeutet das, daß während kurzer Pausen von 5–10 Minuten zwischen den Arbeitsphasen der Stoff sich leichter im Gedächtnis verankert und sich außerdem Erholung einstellt. Ähnlich wirksam wie die Pausen ist nach lernpsychologischen Erkenntnissen die Abwechslung zwischen verschiedenen Stoffgebieten. Man weiß, daß zwischen ähnlichen Stoffen, z. B. zwei Vokabelreihen, „Ähnlichkeitshemmungen" (Interferenzen) auftreten. Das bedeutet: Die zweite Vokabelreihe überlagert die erste und läßt uns diese vergessen. Interferenzen schließt man dadurch aus, daß man zwischen zwei ähnliche Aufgaben, z. B. Vokabellernen für Englisch und Französisch, ein ganz anderes Stoffgebiet einschiebt, z. B. Physik, Geschichte oder Deutsch.

**Festen Arbeitsplatz und regelmäßige Arbeitszeiten vorsehen**

An dieser Stelle sei nochmals darauf hingewiesen, wie wichtig für eine erfolgversprechende Bewältigung der Hausaufgaben ein fester Arbeitsplatz und festgelegte Arbeitszeiten sind. Ein organisierter Arbeitsplatz bringt durch Gewöhnung zusätzliche Motivationen. Außerdem befinden sich die notwendigen Hilfsmittel zur rechten Zeit am rechten Ort (vgl. Kap. 3 Organisieren Sie Ihren Arbeitsplatz). Die Einplanung regelmäßiger Arbeitszeiten und ihre Beachtung sind langfristig Voraussetzung für den Schulerfolg und schaffen Raum für Hobby und Freizeit.

# 6. Bibliotheken und sonstige Informationsquellen

„Da war ich dann also wirklich im Allerheiligsten der Bibliothek. Ich kann dir sagen, ich habe die Empfindung gehabt, in das Innere eines Schädels eingetreten zu sein; ringsherum nichts wie diese Regale mit ihren Bücherzellen, und überall Leitern zum Herumsteigen, und auf den Gestellen und Tischen nichts wie Kataloge und Bibliographien, so der ganze Succus des Wissens, und nirgends ein vernünftiges Buch zum Lesen, sondern nur Bücher über Bücher: es hat ordentlich nach Gehirnphosphor gerochen, und ich bilde mir nichts ein, wenn ich sage, daß ich den Eindruck hatte, etwas erreicht zu haben! Aber natürlich war mir, wie der Mann mich allein lassen will, auch ganz sonderbar zumute, ich möchte sagen, unheimlich; andächtig und unheimlich"
(Robert Musil, Der Mann ohne Eigenschaften, Reinbek 1952, S. 461).

Damit es Ihnen besser ergeht als dem General Stumm in Musils „Mann ohne Eigenschaften", sollten Sie sich der Dienstleistungen von Bibliotheken und Informationsstellen bedienen können.

## 6.1 Informationsstellen

Für Schüler der Kollegstufe wird bei Facharbeiten die auszuwertende Literatur vom Fachlehrer angegeben und in der Schule erreichbar sein. Da die Kollegstufe in wissenschaftliche Arbeitsweisen einführen soll, ist es zweckmäßig, über die Hauptfundstellen des Schülers – eigene Bücher, Schulbibliothek, Gemeinde- oder Stadtbüchereien – hinaus weitere Informationsstellen zu kennen und zu nutzen. Dazu stellen wir Ihnen die wichtigsten vor und geben Hinweise zu ihrer Nutzung.

### Archive
Archive sind Materialsammelstellen, die wichtige Schriftstücke, die im laufenden Dienst- und Geschäftsverkehr nicht mehr gebraucht werden, sammeln, ordnen und registrieren. Insbesondere staatliche und städtische Behörden und zunehmend auch Großunternehmen unterhalten Archive, die von Archivaren fachkundig geführt werden. Da Archive naturgemäß außerordentlich zahlreich und spezialisiert sind, können sie im Rahmen dieser Darstellung nicht einzeln aufgeführt werden. Soweit Informationen aus einem Archiv benötigt werden, empfiehlt es sich, mit den Trägern des entsprechenden Archivs (Parteien, Kirchen, Verbände, Presseämter, Verwaltungen, Museen, Betriebe usw.) direkten

Kontakt aufzunehmen. Vielfach nehmen heute auch Dokumentations- und Informationszentren Archivfunktionen wahr.

Dokumentations- und Informationszentren
Die Aufgabe der Dokumentations- und Informationszentren liegt in der Sammlung, Ordnung und Nutzbarmachung von Dokumenten und Informationen allgemeiner und fachspezifischer Art.

Bildstellen
Eine weitere Informationsquelle sind die Bildstellen, die audiovisuelles Quellenmaterial auf Bild- und Tonträgern zur Verfügung stellen. Vorzugsweise werden diese Bildstellen von Lehrern aller Schularten in Anspruch genommen.

Bibliotheken
Im folgenden werden die Bibliotheken ausführlicher dargestellt, da sie für Schüler und Studenten die häufigsten und wichtigsten Informationsstellen sind.

## 6.2 Das System der Bibliotheken

Nach dem Bibliotheksplan von 1973 werden in der Bundesrepublik Deutschland die Bibliotheken nach vier Funktionsstufen geordnet. Bibliotheken der Ersten Funktionsstufe sind „Einrichtungen zur unmittelbaren Deckung des häufig wiederkehrenden Bedarfs an Literatur und anderen Informationsträgern (Grundversorgung)", z.B. kleinere Volksbüchereien. Diese sind oft als sogenannte Freihandbibliotheken organisiert, d.h., der gesamte Buchbestand ist dem Benutzer unmittelbar zugänglich. Die „Bibliotheken der ersten Stufe bilden mit einer Bibliothek zweiter Stufe eine funktionale Einheit in Form eines Bibliotheksverbundes". Bibliotheken der Zweiten Funktionsstufe „sind zentrale Einrichtungen eines lokalen oder regionalen Bibliothekssystems bzw. eines regionalen Verbundes. Sie befriedigen den spezialisierten höheren Bedarf an Literatur, einschließlich wissenschaftlicher Grundlagen- und Gebrauchsliteratur", z.B. Stadtbibliotheken, größere Bezirksbibliotheken. „Spezialisierter höherer Bedarf, der innerhalb dieser Bibliotheken nicht befriedigt werden kann, wird auf Landesebene durch Bibliotheken mit Beständen größerer Breite und Tiefe abgedeckt"; dies sind die Bibliotheken der Dritten Funktionsstufe. Bibliotheken, die auf dieser Funktionsebene anzusiedeln wären, sind Landes-, Hochschul- und größere Spezialbibliotheken. Bibliotheken, die die Anforderungen der Vierten Funktionsstufe erfüllen, sind Nationalbibliotheken, fachliche Zentralbibliotheken von überregionaler Bedeutung und Sondersammelgebietsbibliotheken.

## 6.3 Die Dienstleistungen der Bibliotheken

Die Bibliotheken erbringen eine Reihe für Studium und Lehre wichtiger Dienstleistungen, indem sie Informationsmaterial sammeln, ordnen und ausleihen, Bibliothekseinrichtungen zur Verfügung stellen und Beratungsdienste anbieten. Je nach Funktion und Schwerpunkt halten Bibliotheken folgendes Material bereit:
- Bücher und Zeitschriften,
- Autographen: handgeschriebene Manuskripte,
- Archivalien: Archivmaterial,
- Bibliographien: Schrifttumsverzeichnisse,
- Mikroformen: auf Filmmaterial aufgenommene und in unterschiedlichem Maße verkleinerte Druckerzeugnisse; nur mit Lesegeräten lesbar.

Sonstige Dienstleistungen der Bibliotheken sind:
- Lesesäle:
Die Lesesäle größerer Bibliotheken enthalten in der Regel Enzyklopädien und Lexika, Standardwerke und Bibliographien. Diese Bücher stellen meist eine **Präsenzbibliothek** dar, die im Gegensatz zu den in den geschlossenen Magazinen aufbewahrten Büchern es erlauben, das Buch im Lesesaal selbst einzusehen, ohne die Möglichkeit, es auszuleihen. Lexika und Standardliteratur gewähren einen ersten Überblick über das zu erarbeitende Thema und geben Hinweise für eine systematische Suche nach Literatur. Besonders Bibliographien (Schrifttumsverzeichnisse), die Literatur nach einem bestimmten Zeitraum, einer bestimmten Sprache, einem bestimmten Fachgebiet oder nach speziellen Themen ordnen, sind wertvoll für eine vertiefende Literatursuche. Vielfach unterhalten heute auch kleine Bibliotheken der ersten Funktionsstufe **Leseräume**, die mit Präsenzbibliotheken ausgestattet sind. Das gleiche gilt für die dezentral von der Hochschulbibliothek geführten Seminarbibliotheken, die Spezialliteratur der jeweiligen Fachbereiche in Form einer Präsenzbibliothek zur Verfügung halten. Häufig sind hier beschränkte Ausleihmöglichkeiten an den Wochenenden gegeben. Die Lesesäle der Hochschulbibliotheken erfüllen in der Regel zwei Funktionen: Sie sollen dem Benutzer einmal ein ungestörtes Arbeiten ermöglichen und ihm zum andern den unmittelbaren Zugang zu Lexika, Bibliographien und Standardliteratur gewähren. Größere Bibliotheken unterhalten Speziallesesäle. Dazu gehört vor allem der Zeitschriftenlesesaal, in dem die neuesten Nummern der laufend gehaltenen Periodika aufliegen.

- Ausleihe:
  Die Ausleihe hat die Funktion, aus den Magazinbeständen Bücher auszuleihen. Dazu ist eine Leihkarte und das Ausfüllen eines Ausleihscheines notwendig. Die Ausleihdauer beträgt durchschnittlich vier Wochen, kann aber in Ausnahmefällen verlängert werden.
- Fernleihe:
  Die Fernleihe vermittelt aus anderen Bibliotheken solche Bücher, die in der eigenen Bibliothek nicht vorhanden sind.
- Persönliche Beratung:
  In größeren Bibliotheken gibt es eigens Beratungsbibliothekare, die den Benutzer vor allem in speziellen Fragen beraten.

Außerdem bieten Bibliotheken heute Fotokopier- und Filmdienste, Benutzung von Lesegeräten für Mikrofilme, Projektionseinrichtungen für Foto- und Filmmaterial sowie Abspielanlagen für Tonträger an. Den Informationskern einer Bibliothek bilden die Katalogsäle mit Katalogen, Bibliographien und sonstigen Hilfen zur Erschließung von Bibliotheksmaterial.

## 6.4 Kataloge und Bibliographien

### 6.4.1 Kataloge

Bibliotheken versuchen, in Katalogen ihren Materialbestand zu systematisieren, um dem Benutzer die Möglichkeit zu geben, für ihn wichtige Informationen aufzufinden. Kataloge sind somit Verzeichnisse (auf Karteikarten, in gebundenen Büchern oder Microfiches), die einen Materialbestand einer oder mehrerer Bibliotheken nach unterschiedlichen Kriterien und für unterschiedliche Bedürfnisse erschließen. Grundsätzlich kann man die Kataloge nach formalen oder inhaltlichen Kriterien, nach Standort- oder Umfangskriterien anlegen.

Der **Alphabetische Katalog (AK)** enthält die in der Bibliothek vorhandenen Bücher in alphabetischer Ordnung (formales Gliederungskriterium). In der Regel sind die Bücher nach Verfassernamen in alphabetischer Reihenfolge geordnet. Schriften, die keinen namentlich bekannten Verfasser haben (z. B. Bibel), Zeitungen, Zeitschriften und Serien (sofern sie nicht in einem Sonderkatalog aufgeführt sind) sowie Schriften mit mehr als drei Verfassern werden unter ihrem Sachtitel in alphabetischer Reihenfolge verzeichnet.

**Sachkataloge (SK)** ordnen das Schrifttum nach Wissensgebieten und Sachbegriffen. Dabei gibt es zwei Ordnungsprinzipien, eine Ordnung der Bestände nach Schlagworten und eine Ordnung nach dem System der Wissenschaften. Der Benutzer soll anhand des Sachkatalogs erkennen, ob Schrifttum über ein Sachgebiet, ein bestimmtes Thema (Gegenstand, Ort, Person) vorhanden ist. Kennt man Verfasser und Titel eines Buches, befragt man den Alphabetischen Katalog; sucht man hingegen Literatur zu einem bestimmten Thema, zieht man den Sachkatalog zu Rate.

- Im **Schlagwortkatalog (SWK)** ist der Gesamtbestand der vorhandenen Literatur in Sachbegriffe aufgelöst, die alphabetisch angeordnet sind. Dabei wird allerdings der sachliche Zusammenhang der Begriffe aufgelöst. Der Sinn dieses Katalogs besteht darin, möglichst kurz, dabei aber genau und vollständig den Inhalt einer Bibliothek wiederzugeben. In etwa ähnelt der Schlagwortkatalog einem Lexikon, das in alphabetischer Abfolge heterogene Sachbegriffe auflistet. Bei erfolgloser Suche unter einem Schlagwort empfiehlt es sich, unter ähnlichen oder sinngleichen (synonymen) Formulierungen nachzuschlagen.
- Der **Systematische Katalog (SyK)** ist ebenfalls ein Sachkatalog, der aber im Unterschied zum Schlagwortkatalog den Bestand einer Bibliothek dem System der Wissenschaften in sachlich-logischer Abfolge zuordnet. Golo Manns „Wallenstein" beispielsweise fände sich im Schlagwortkatalog unter „Wallenstein", während er im Systematischen Katalog unter „Geschichte" und im Alphabetischen Katalog unter „Mann, Golo" zu suchen wäre. Der Systematische Katalog verzeichnet sachlich zusammengehöriges Schrifttum und ordnet es in den Zusammenhang des übergeordneten Sachgebiets ein. Er beantwortet die Frage, welches Schrifttum über ein Wissengebiet in einer Bibliothek vorhanden ist. Zum SyK gehört eine Benutzerhilfe (System-Übersicht) und ein alphabetisch geordnetes Schlagwortregister, das auf die Systemstellen des SyK verweist.

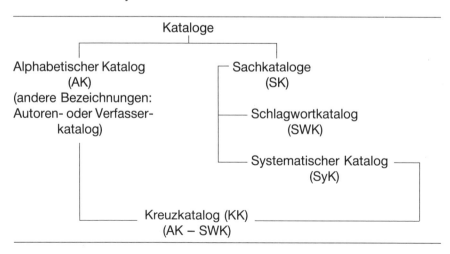

Eine Kombination von Alphabetischem und Schlagwortkatalog stellt der **Kreuzkatalog (KK)** dar. In Verbindung mit EDV-Anlagen bildet er den sogenannten „Thesaurus", eine für Zwecke der Informationssuche in einer Datenbank hinterlegte Kombination von systematischen und alphabetischen Klassifikationsmerkmalen. Die Systematisierung geschieht mit Hilfe von „Deskriptoren". Der „Deskriptor" hat Ähnlichkeit mit dem Schlagwort und stellt das aus mehreren Wörtern der gleichen oder ähnlichen Bedeutung ausgewählte normierte Suchwort dar, das den betreffenden Begriff in der EDV-Anlage kodiert.

### 6.4.2 Bibliographien

Eine Bibliographie ist ein Schrifttumverzeichnis, das nach bestimmten Gesichtspunkten geordnet den Bestand an Literatur eines Landes, eines Zeitraums oder eines Sachgebiets enthält, unabhängig davon, ob die jeweilige Bibliothek diese Schriften in ihrem eigenen Bestande führt oder nicht. Diese Schriftenverzeichnisse (Bibliographien) enthalten:
- Bücher,
- Zeitschriften,
- Jahrbücher,
- geographische Karten,
- Atlanten,
- Kunstblätter,
- Musiknoten.

## 6.5 Literatursuche

Die Bibliotheken bemühen sich, die infolge der Wissensexplosion überbordende Literaturflut zu speichern und den vorhandenen Vorrat den jeweiligen Benutzern einer Bibliothek zu erschließen. Das Problem besteht für den Benutzer darin, aus der Flut der Dokumente diejenigen herauszufinden, in denen er die für seine Zwecke notwendigen Informationen findet. Manchen Besuchern gelingt dies nur unzureichend. Sie finden zwar meist etwas Brauchbares, aber objektiv nichts Optimales, weil sie nichts Besseres kennen, da sie unzweckmäßige Verfahren der Literaturrecherche anwenden.
Im folgenden zeigen wir Ihnen Arbeitsinstrumente und Wege, wie man planvoll und effektiv **Informationen gewinnen** kann. Als Arbeitsinstrumente gelten die im vorhergehenden Abschnitt beschriebenen
- Kataloge,
- Bibliographien,
- und sonstige Nachschlagewerke.

Für die Praxis der Literaturermittlung gibt es grundsätzlich **drei Suchwege**:
1. Bekannt: Titel und/oder Autor
   Gesucht: Dokument

2. Bekannt: Inhalt eines Dokuments
   Gesucht: Genaue bibliographische Angabe: Autor und/oder Titel, Erscheinungsort, Erscheinungsjahr

3. Bekannt: Thema einer Arbeitsaufgabe (Referat, Seminararbeit, Examensarbeit, Diplomarbeit, Dissertation)
   Gesucht: Unbekannte Literatur zum bekannten Thema.

Suchweg zu 1.
Wenn Autor und/oder Titel einer Schrift bekannt ist, führt der erste Weg zum Alphabetischen Katalog der Seminar- oder Hochschulbibliothek. Sofern die Schrift im Bibliotheksbestand vorhanden ist, kann sie bestellt, ausgeliehen oder

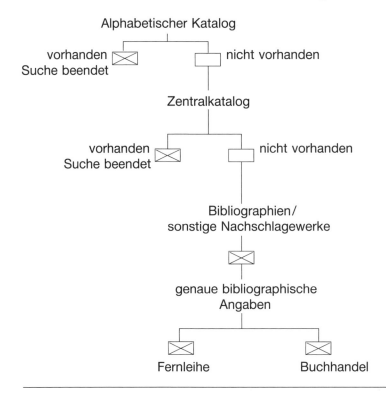

**Schema zum ersten Suchweg**

eingesehen werden. Gegebenenfalls weist der Zentralkatalog der Hochschule den Standort des Buches in einer Hochschulbibliothek aus. Sind in diesem Katalog Autor und/oder Titel nicht verzeichnet, führt der Weg zu den Bibliographien, Handbüchern und/oder sonstigen Nachschlagewerken. Hier sind die genauen bibliographischen Angaben (Name und Vornamen des Autors/der Autoren, Titel, Reihe, Auflage, Erscheinungsort und Erscheinungsjahr) zu ermitteln. Die Schrift kann dann auf dem dafür vorgesehenen Bestellschein über die Fernleihe bestellt werden. Neuerscheinungen sind häufig noch nicht in den Katalogen und Bibliographien aufgenommen. Hier empfiehlt sich ein Blick in die neueren Hefte einschlägiger Fachzeitschriften oder in die Sortimentskataloge des Buchhandels, die ebenfalls in den Katalogsälen der großen Bibliotheken ausliegen.

Suchweg zu 2.
Im vorliegenden Fall kennt der Benutzer den ungefähren Inhalt oder Titel einer Schrift, die für seine Arbeit von Bedeutung ist. Er braucht, um das Werk auszuleihen, die exakten bibliographischen Daten, d.h. Namen des Autors/der Autoren, Titel, Auflage, Erscheinungsort und Erscheinungsjahr. Der Weg führt ihn zum Systematischen Katalog der Bibliothek, wo er in der entsprechenden Wis-

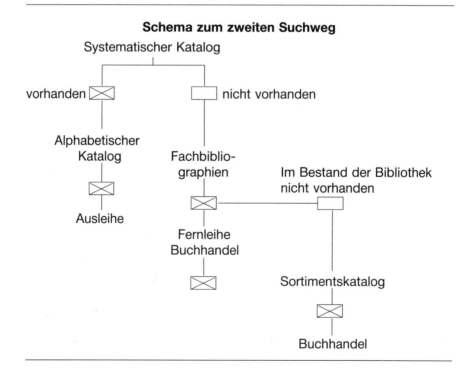

**Schema zum zweiten Suchweg**

senschaft unter dem Stichwort, unter dem die Schrift verzeichnet sein könnte, sucht. Falls die gesuchte Schrift in der Bibliothek vorhanden ist, findet man dort eine entsprechende Karteikarte mit den gewünschten Angaben. Diese ermöglicht dem Suchenden nun, im Alphabetischen Katalog die Buchnummer für Ausleihzwecke zu ermitteln. Wenn er die benötigten Angaben nicht im Sachkatalog der Bibliothek findet, hilft eine einschlägige Fachbibliographie bzw. bei Neuerscheinungen das Sachregister und der Sortimentskatalog weiter. Hier sucht man unter dem entsprechenden Schlagwort oder Stichwort. In diesem Fall ist die Fernleihe anzugehen, oder das Buch ist über den Buchhandel zu erwerben.

Suchweg zu 3.
Der für den Studenten schwierigste Fall ist der Suchweg 3. Hier soll unbekannte Literatur zu einem bekannten Thema gesucht werden. Dabei kommen alle in diesem Kapitel genannten Arbeitsinstrumente in Betracht. Der Weg führt ihn zum Systematischen und zum Schlagwortkatalog. Diese Kataloge informieren über den Bestand der Bibliothek zu dem von ihm bearbeiteten Thema. Je nach

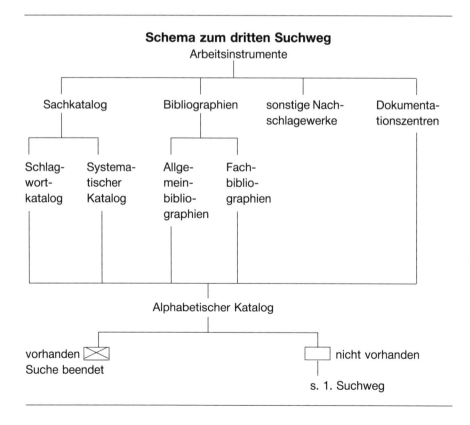

Umfang, Spezialisierung, dem Grad der erwünschten oder geforderten Vollständigkeit der Literaturrecherche sind sonstige Nachschlagewerke und Bibliographien heranzuziehen. Der weitere Suchweg ist in Schema 1 bzw. 2 vorgezeichnet. Zunehmend werden für diesen dritten Weg der Literatursuche die Dienstleistungen von Dokumentationszentren in Anspruch genommen, die über EDV-Anlagen die gesuchten Informationen, das sind die bibliographischen Angaben, zur Verfügung stellen. Mit Hilfe dieser Literaturangaben ist dann die Literaturbeschaffung auf dem Weg über die Orts- und Fernleihe möglich.

## ÜBUNG 4  *Ermitteln Sie ‚Ihre' Bibliotheken*

Orientieren Sie sich über Bibliotheken an Ihrem Wohn- bzw. Studienort! Notieren Sie die Öffnungszeiten und die Termine der Bibliotheksführung!

# 7 Fachliteratur rationell erarbeiten

Warum greifen wir zu Lesestoff? Entweder sind es Neugier, Interesse, Anforderungen der Schule, des Studiums und des Berufes oder einfach das Bedürfnis, sich zu unterhalten. Diesen unterschiedlichen Interessen kommen verschiedene Arten von Literatur entgegen: angefangen vom Werbeprospekt über die Zeitung, Illustrierte, Unterhaltungsroman bis hin zu Lehr- und Fachbüchern und wissenschaftlichen Untersuchungen. Der ungeübte Leser neigt dazu, diese vielfältige Literatur in ein und derselben Weise und mit der gleichen Methode zu lesen. Häufig besteht diese darin, die erste Seite aufzuschlagen und kontinuierlich von Seite zu Seite bis zum Ende in der gleichen Art zu lesen. Es stellt sich die Frage, ob diese Lesemethode rationell und behaltenswirksam ist und der jeweiligen Lektüre entspricht. Um der Zeitersparnis und um größerer Effizienz willen überlegen wir uns, ob es Lesemethoden gibt, die besonders vorteilhaft auf unterschiedliche Lesestoffe anzuwenden sind.

Bei Romanen der Unterhaltungsliteratur, Illustrierten, Werbeprospekten und ähnlichen Druckerzeugnissen bedarf es keiner besonderen Lesetechnik. Das Bedürfnis nach Unterhaltung, Entspannung und Zerstreuung läßt uns ohne deutliche Zielvorstellung und Willensanspannung solche Literatur konsumieren. Anders verhält es sich mit dem Lesen, besser: Erarbeiten von Fachliteratur. In Versuchen konnte nachgewiesen werden, daß mit der üblichen Lesemethode des „Durchlesens" nur ca. 50% des Wissensstoffs sofort nach der Lektüre wiedergegeben werden konnte. Die Behaltensquote erhöhte sich nur unwesentlich bei einem wiederholten Lesen. Wir wollen Ihnen in den folgenden Abschnitten

effektivere Lesemethoden vorstellen und empfehlen. Diese führen zu einer Verbesserung der Lesetechnik, indem sie die Aufmerksamkeit beim Lesen erhöhen und dadurch die Behaltensquote verbessern.

  **Selbstbefragung zum Leseverhalten**

Füllen Sie den Fragebogen zum persönlichen Leseverhalten (Formblatt 10) aus.

## 7.1 Lesemethoden: Die Drei- und Fünf-Schritt-Methode

Die Prinzipien der nachfolgenden als „Drei-Schritt-Methode" und „Fünf-Schritt-Methode" (diese ist die von Francis Robinson entwickelte SQ3R-Methode) eingeführten Lesetechniken lassen sich bildhaft sehr einprägsam darstellen am Beispiel des Fremden, der in eine Stadt kommt und, um sich einen Überblick zu verschaffen, den höchsten Turm der Stadt ersteigt. Von dort aus erkennt er die markanten Sehenswürdigkeiten, die er aufzusuchen beabsichtigt, um sich mit ihnen näher zu befassen. Er markiert sich diese Punkte in einer Skizze, sucht sie auf und befaßt sich im einzelnen mit ihnen. Ihm wichtig erscheinende Details streicht er in seinem Stadtführer an oder schreibt sie sich auf. Am Abend im Hotel läßt er die Eindrücke des Tages noch einmal rekapitulierend an sich

vorüberziehen und ruft sich den Verlauf des Tages in Erinnerung. Bevor er zu Hause seiner Familie und seinen Freunden seine Eindrücke vermittelt, repetiert er noch einmal den Verlauf seiner Reise.

Vergleichbar dem Touristen dieser kleinen Geschichte verfährt der Leser, der sich mit der Drei-Schritt- oder Fünf-Schritt-Methode ein Fachbuch, Lehrbuch oder einen Fachartikel erarbeitet.

**Überblick gewinnen**

Überblick gewinnen heißt, sich mit den Informationen des Buches überschlägig vertraut zu machen und zu versuchen, die Intentionen des Autors herauszufinden. Statt sofort mit dem Lesen zu beginnen, nimmt man zunächst folgende Orientierungshilfen des Buches an:
– Vorwort und Einleitung enthalten häufig schon wichtige Hinweise auf die Intention des Verfassers und die Inhalte des Buches.
– Inhaltsverzeichnisse sind das Gerippe eines Buches und spiegeln Aufbau, Gedankenfolge und Gewichtung von Teilinhalten.
– Kapitelüberschriften, Unterüberschriften, eventuelle Zusammenfassungen und Gedankenflußpläne lassen Rückschlüsse auf den Inhalt der einzelnen Kapitel zu.
– Personenverzeichnis, Sachverzeichnis und Glossar sind weitere Orientierungshilfen.

Der geschulte Leser kann nach diesem ersten Schritt oft schon entscheiden, ob das Buch überhaupt oder welche Kapitel des Buches für seine Fragestellung zu berücksichtigen sind. Diesem Leser bleibt viel Zeit erspart, die er sonst für das seitenweise Lesen aufwenden müßte. Analog verfährt man, wenn ein einzelnes Kapitel oder ein Fachaufsatz gelesen werden soll.

**Fragen stellen**

Fragen stellen hat den Sinn, rezeptives Lesen in ein aktives Leseverhalten umzuformen. Dabei soll sich der Leser bewußt werden, daß eine fragende Haltung zum Text seinen Lernwillen aktiviert und seine Motivation eher steigert als passives Lesen von Zeile zu Zeile.

Folgende Fragen bieten sich unter anderen als Hilfen zum bewußteren Lesen und zur Steigerung der Aufmerksamkeit an:
– Welches ist die Intention des Verfassers?
– Will er informieren, überzeugen oder diskutieren?
– Worin besteht der wesentliche Kern der Aussagen?
– Mit welchen Argumenten begründet der Verfasser seine Ansicht?
– Welchen Anschauungen wird implizit oder explizit widersprochen?
– Mit welchen Vorkenntnissen läßt sich das Gelesene in Beziehung setzen?
– Wodurch unterscheidet sich das Gelesene von meinem bisherigen Wissen?

Wenn keine geeigneten Fragen einfallen, genügt es häufig, die Kapitelüberschriften in Fragen umzuformen. Wer so den zweiten Schritt vollzieht, ist interessiert, sucht nach Antworten, unterscheidet schnell Wesentliches von Unwesentlichem, liest kritisch und konzentriert.

Der in dieser Methode zunächst Ungeübte sollte sich die Fragen vorher kurz schriftlich notieren. Der Zeitaufwand lohnt sich, da ein wiederholtes Lesen entfällt. Für den erfahrenen Leser stellt sich diese Fragehaltung später von selbst ein, da er von Interessenschwerpunkten und einem bestimmten Wissensstand aus sich fragend und kritisch Texten gegenüber verhält.

**Lesen**

Nach diesen vorbereitenden Schritten folgt jetzt das Lesen, bei dem man Antworten auf die vorher gestellten Fragen zu finden sucht. Erst jetzt kann man gezielt und konzentriert seine Aufmerksamkeit auf die Hauptpunkte oder Abfolge des Gedankengangs richten, wobei man sich der Hilfen, die der Autor gibt – z. B. Unterstreichungen oder Hervorhebungen, Untergliederungen und Graphiken, Hinweiswörter –, bedient. Diese Methode erleichtert zudem das Erkennen bzw. das Unterscheiden von Tatsachen und Meinungen, von wissenschaftlich gesicherten Schlußfolgerungen und Hypothesen. Wieviel man auf einmal liest, hängt vom Schwierigkeitsgrad des Textes ab. Auch hier gilt die Regel, abschnittsweise Pausen zu machen und zu prüfen, ob die vorformulierten Fragen

überhaupt und hinreichend beantwortet sind. Die bis hierher dargestellten drei Schritte bilden die Grundlage der Lesemethoden für Texte einfacheren und mittleren Schwierigkeitsgrades. Sie eignet sich für die Zusatzlektüre zu Unterrichtsinhalten oder zur Vorbereitung größerer Themen (z. B. Facharbeit), bei denen ein informierender Überblick notwendig ist. Gelegentlich wird schon der 1. Schritt genügen, um zu erkennen, ob das Buch für das Thema überhaupt bzw. welche Kapitel daraus verwendbar sind. Für solche Bücher, die zur gezielten Vorbereitung auf Prüfungen herangezogen werden, z. B. eingeführte Lehrbücher, Skripten oder spezielle Fachaufsätze, und für vorgegebene Literatur zu Facharbeiten empfiehlt sich eine Ausweitung der Drei-Schritt-Methode zur Fünf-Schritt-Methode, die die folgenden beiden Ergänzungen umfaßt.

**Rekapitulieren**

Wenn die Lektüre in der oben angegebenen Weise durchgeführt worden ist, liegt als nächster Schritt die Rekapitulation nahe. Diese besteht darin, daß Sie kurz schriftlich oder mündlich Ihre Fragen beantworten, Schlüsselsätze notieren oder mündliche Zusammenfassungen versuchen. Die schriftliche Wiederholung hat den Sinn, durch den Auszug von Schlüsselbegriffen oder Kerngedanken in eigenen Worten das Verständnis des Gelesenen zu überprüfen und das Behalten zu fördern. Die kapitelweise mündliche Wiederholung verfolgt den gleichen Zweck. Darüber hinaus hat sie den Effekt, selbst überprüfen zu können, ob ein gelesener Text wirklich verstanden ist und auch reproduziert werden kann. Besonders Schüler mit Formulierungsschwierigkeiten sollten diese Methode sy-

stematisch anwenden und laut üben, damit sie sich dadurch zwingen, Gedanken zu formulieren, um nicht der Selbsttäuschung zu unterliegen, etwas nur Gelesenes auch wirklich verstanden zu haben und reproduzierbar machen zu können. Besonders hilfreich erweist sich der 4. Schritt bei der Vorbereitung auf Prüfungen, da er kontrolliert, was allgemein in Prüfungen verlangt wird, nämlich nachzuweisen,
– daß ein Stoff verstanden worden ist und
– daß er selbständig, mit hinreichender Genauigkeit wiedergegeben werden kann.

Der ständige Wechsel zwischen Fragen, Lesen und Rekapitulieren hält das Interesse wach und verzögert vorzeitige Ermüdung. Die Zusammenfassung sollte stichwortartig geschehen. Wenn Sätze vorgezogen werden, dann nur kurze.
Regeln zum Rekapitulieren:
– Notizen erst nach dem Durchlesen eines Abschnitts oder eines Kapitels anfertigen;
– Notizen aus der Erinnerung formulieren;
– Notizen in eigenen Worten und in größtmöglicher Kürze fassen;
– Ausreichend Raum für spätere Ergänzungen auf den Notizblättern lassen.

**Zusammenfassend wiederholen**

Die zusammenfassende Wiederholung hat den Sinn,
– die abschnittsweise erarbeiteten Einzelergebnisse zu einem Ganzen zusammenfassen, indem man sich noch einmal der Fragen, der wichtigsten Antworten und des Gesamtzusammenhangs versichert;
– die Notizen zu ergänzen;
– einzelne Punkte anhand des Textes zu überprüfen und Ergebnisse zu sichern, um eine brauchbare Unterlage für Prüfungsvorbereitungen zu haben;
– den Stoff im Gedächtnis zu verankern.

Das Arbeiten mit den beiden zuletzt genannten Methoden mag dem Anfänger zeitraubend erscheinen. Bei systematischer Anwendung jedoch wird man sehr bald Übung und Sicherheit erlangen. Ihre **großen Vorteile** liegen darin, daß man schneller und besser Lernstoff behält und nach einiger Übung insgesamt im Vergleich zum herkömmlichen Leserverhalten Zeit spart.

## 7.2 Exzerpieren und Markieren

Die Lesemethoden können ergänzt werden, indem man Exzerpte anfertigt oder Textstellen unterstreicht. Der Sinn des Markierens liegt darin, Texte durch zusätzliche Strukturierungshilfen zu gliedern und merkfähiger zu gestalten. Das Exzerpieren sichert Gedanken des Autors oder wörtliche Zitate für größere Arbeiten, wie Facharbeiten, Referate, Vorträge, Seminararbeiten, Diplomarbeiten usw.

### 7.2.1 Exzerpieren

Unter einem Exzerpt (= Textauszug) versteht man die wörtliche oder sinngemäße Wiedergabe einer Textstelle. Bei einem **wörtlichen Exzerpt** sind die Regeln einer genauen Zitation zu beachten: d.h., das wörtliche Zitat wird in Anführungsstriche gesetzt und mit einem genauen Quellenverweis versehen (vgl. Kap. 8.3 Zitate und Anmerkungen). Dabei sind vier häufig auftretende Mängel zu vermeiden:
– ungenaue Zitation (Mängel in der Zeichensetzung, Rechtschreibung, in den Hervorhebungen usw.),
– ungenaue/unzureichende Quellenangabe (fehlerhafte oder unvollständige Angaben über Verfasser, Titel, Erscheinungsort, Jahr, Auflage, Reihe, Seitenangabe),
– dem Thema unangemessene oder überflüssige Exzerpier- oder Fotokopiersucht,
– zeitraubendes handschriftliches Exzerpieren statt Fotokopieren.

Die zweite Form des Exzerpts ist das **sinngemäße Zitat**, das in eigenen Worten Gedankengänge des Autors wiedergibt. Hier besteht besonders die Gefahr, daß eigene Gedanken und Gedankengänge des Autors miteinander vermischt werden, wenn sinngemäße Zitate nicht sofort beim Exzerpieren als solche kenntlich gemacht werden. Die wissenschaftliche Redlichkeit verlangt, daß auch sinngemäße Übernahmen in einer Fußnote gekennzeichnet werden.

Referate und Facharbeiten, Seminar- und Diplomarbeiten sind in der Regel wissenschaftliche Arbeiten, die den Nachweis darüber erbringen sollen, daß der Schüler oder Student es versteht, ein vorgegebenes Thema unter Benutzung der einschlägigen Literatur in wissenschaftlicher Weise zu bearbeiten. Das Ziel solcher Arbeiten besteht selten in der Darlegung neuer wissenschaftlicher Erkenntnisse als vielmehr in dem Nachweis der Fähigkeit, wissenschaftlich arbeiten zu können. Dazu gehört eine genaue und redliche **Zitierweise**.

Exzerpte werden je nach dem Umfang entweder auf Bögen im DIN-A4-Format geschrieben, kopiert oder auf Karteikarten festgehalten. Wichtig ist, Exzerpte durch Schlagworte, Überschriften und genaue Quellenangaben zu kennzeichnen. Im folgenden sehen Sie je ein Beispiel für eine Karteikarte, einmal mit einem wörtlichen Zitat und einmal mit einem sinngemäßen Zitat. Bei Exzerpten größeren Umfangs empfehlen sich DIN-A4-Bögen bzw. Fotokopien. Achten Sie darauf, auch diese mit Schlagworten, Überschriften und Quellenangaben zu versehen.

Die Rückseiten der Karteikarten bieten sich an für:
– bibliographische Hinweise, z. B. Standortnummer des Buches in der Bibliothek, um dessen Wiederauffinden zu erleichtern,
– Arbeitsvermerke, z. B. Verwendungsmöglichkeit, Querverweise, Wertung.

| Wissenschaftliches Arbeiten | Schlagwort |
|---|---|
| **Exzerpieren** | Überschrift (2. Schlagwort) |
| „Man notiert Exzerpte, indem man entweder den Inhalt einer Stelle mit eigenen Worten umreißt oder die Stelle wörtlich unter Verwendung von Anführungszeichen zitiert oder beide Formen miteinander verbindet. Wichtig ist dabei die eindeutige Verzeichnung der Quelle mit genauer Angabe der Seitenzahlen und den vorgenommenen Kürzungen, besonders wenn vielleicht das Buch später nicht mehr verfügbar ist." | **Wörtliches Zitat** |
| Standop, Ewald: Die Form der wissenschaftlichen Arbeit, Heidelberg (Quelle und Meyer), 13. Auflage, 1990, S. 15 | Quellenangabe |

| Wissenschaftliches Arbeiten | Schlagwort |
|---|---|
| **Stil wissenschaftlicher Arbeiten** | Überschrift (2. Schlagwort) |
| Standop fordert:<br>1. Sachlichkeit und Präzision, keine Weitschweifigkeit<br>2. Logische Argumentation, beruhend auf<br>   – Tatsachen und Schlußfolgerungen<br>   – Behauptung und Beweis<br>   – Darstellung und Zusammenfassung | **Sinngemäßes Zitat** |
| Standop, Ewald: Die Form der wissenschaftlichen Arbeit, Heidelberg (Quelle und Meyer), 13. Auflage, 1990, S. 12 | Quellenangabe |

## 7.2.2 Markieren

Eine weitere Lesehilfe beim Erarbeiten von Fachliteratur stellt das Markieren dar. Markierungen helfen, einen Text zusätzlich zu strukturieren. Sie erleichtern beim Lernen und Wiederholen die Orientierung und bringen Zeitgewinn. Sie fördern durch strukturierende Darstellung die bessere visuelle Aufnahme und das Behalten.

Am besten verfährt man beim Markieren nach folgender **Methode**:
- Der Text wird zuerst abschnittweise gelesen.
- Wenn Sie die Antworten auf die Leitfragen (vgl. Drei-Schritt- und Fünf-Schritt-Methode) gefunden haben, werden Schlüsselbegriffe oder Kerngedanken markiert.
- Durch Markierungssysteme (verschiedene Farben, Doppelunterstreichungen, ersatzweise oder zusätzlich Zahlen oder Buchstaben) werden die Markierungen entsprechend ihrer Wichtigkeit und Funktion einander zugeordnet.

Leicht unterlaufen beim Markieren folgende **Fehler**:
- Es wird zuviel angestrichen. Diese Gefahr liegt besonders nahe, wenn man schon beim ersten Lesen markiert. Es erscheinen Ihnen dann Sätze oder Begriffe wichtig, deren Stellenwert sich im Gesamtkontext relativiert. Das Markieren verliert als Strukturierungs- und Behaltenshilfe seinen Wert, wenn ganze Kapitel eingefärbt werden.
- Auch vollständig farblich gekennzeichnete Sätze mindern die Übersichtlichkeit.
- Das erste Lesen dient dem Verstehen. Weil Markieren nicht mechanisch sein soll, muß es bewußt in den Lese- und Lernprozeß integriert werden. Deshalb setzt es eine Entscheidung darüber voraus, was als wesentlich erkannt wird, und nur das soll angestrichen werden.

## AUFGABE 13  Einen Text markieren

Markieren Sie mit einem Textmarker den Text so, daß zentrale Informationen deutlich hervorgehoben werden! Vergleichen Sie Ihre Lösung mit unserem Vorschlag im Lösungsheft.

---

Ein Blick auf den Brief des Geschäftspartners: sofort erkennt man den Kern des Anliegens.

Ein Blick auf den Bericht des Mitarbeiters: alle wesentlichen Punkte sind hervorgehoben.

Ein Blick auf die Eilnotiz: die verabredete Farbe ordnet sie sofort dem richtigen Aufgabenbereich zu.

Ein Blick in den Kalender: besonders wichtige Termine signalisieren ihre Bedeutung. Verschiedene Farben kennzeichnen bestimmte Terminarten.

Ein Blick auf die Statistik: die entscheidenden Werte springen ins Auge.

Ein Blick auf die Liste von Vorschlägen: die brauchbaren Ideen stechen hervor.

Ein Blick auf den Entwurf: Verwendbares und zu Änderndes sind durch verschiedene Farben deutlich gekennzeichnet.

Ein Blick auf das Protokoll: das Interessante und Betreffende hebt sich ab.

Ein Blick auf die Vortragskopie: Gliederung und Aufbau werden durch die wichtigsten Stichwörter erfaßt.

Ein Blick in den Textteil des Fachbuches: die gesuchte Definition wird schnell gefunden.

Ein Blick in das Sachverzeichnis: alle interessierenden Stichwörter sind hervorgehoben.

Ein Blick ins Inhaltsverzeichnis der Zeitschrift: die interessirenden Beiträge bieten sich an.

Ein Blick in die Zeitung: was wichtig ist, hebt sich leuchtend hervor.

---

Aus einem Verkaufsprospekt der Firma Schwan – STABILO, Nürnberg

## ÜBUNG 5  Ein ständiges Markierungssystem

Bereiten sie einen geeigneten Lernstoff nach der vorgestellten Methode durch Markierungen auf!

Überlegen Sie sich zuvor ein System verschiedener Farben, wobei Sie jeder Farbe einen bestimmten Rang zuordnen! Denken Sie daran, diese Rangordnung der Farben beizubehalten und die Methode für alle geeigneten Lernstoffe anzuwenden!

# 8 Fach- und Seminararbeit

## 8.1 Funktionen und Formen der wissenschaftlichen Arbeit

Der Einübung in wissenschaftliches Arbeiten dienen in der Schule Referate und Facharbeiten, in der Hochschule Seminararbeiten. Vom rein mündlichen Referat, das hauptsächlich der Informationsübermittlung dient, unterscheiden sich schriftliches Referat und Facharbeit in der Schule durch:
- die individuelle Themenstellung,
- die Mitwirkung des Schülers bei der Wahl des Faches, des Gegenstandes und der Formulierung des Themas,
- den wissenschaftsbezogenen Charakter der Untersuchung. Dabei wird ein überschaubares Problem selbständig bearbeitet, und der Schüler muß die angegebene Literatur auswerten und die Regeln wissenschaftlichen Arbeitens beachten.

Die mit der Ausfertigung einer **Facharbeit** in einem Leistungskurs angestrebten **Zwecke** sind:
- Einübung wissenschaftspropädeutischen Arbeitens,
- Einübung themengerechter Literaturverwendung,
- Anwendung wissenschaftlicher Arbeits- und Darstellungsformen,
- Hinführung zu methodenbewußtem Arbeiten.

Mit diesen Zielen bleiben Referat und Facharbeit ganz im Rahmen wissenschaftspropädeutischen Arbeitens, d. h. „vorbereitender" Anwendung und Einübung wissenschaftlicher Arbeitsformen, die an der Hochschule weiter vertieft und eingeübt werden. Das Ziel solcher Wissenschaftspropädeutik ist nicht mehr und nicht weniger, als an begrenzten Aufgaben die Befähigung dazu nachzuweisen.

Die Beachtung allgemein anerkannter Regeln wissenschaftlichen Arbeitens ist deshalb notwendig, weil wissenschaftliche Erkenntnis von „Alltagserkenntnis" sich dadurch unterscheidet, daß sie Erkenntnisfortschritt anstrebt, indem sie
- fachspezifische Methoden anwendet,
- sich auf definierte Axiome und Voraussetzungen bezieht,
- ihre Ergebnisse zugänglich und kontrollierbar macht,
- und sich einer formalisierten Sprache oder Fachterminologie bedient.

Ein wesentlicher Beitrag in der Mitarbeit von Studenten in Fachseminaren besteht in der Anfertigung von **Seminararbeiten**. Die Seminararbeit stellt in der Regel eine Spezialuntersuchung aus dem vorgegebenen Themenkreis des Se-

minars dar. Vom Umfang her umfassen Seminararbeiten meist 10–20 Schreibmaschinenseiten, häufig auch mehr, und sie sollen den Anforderungen, die man an wissenschaftliches Arbeiten stellt, genügen. Häufig werden Seminararbeiten auch als **Referat** bezeichnet. Besonders ist diese Bezeichnung dann gerechtfertigt, wenn das Ergebnis der Arbeit im Seminar mündlich vorgetragen wird. Allerdings sollte man im Unterschied zum üblichen Sprachgebrauch deutlicher zwischen Seminararbeit und Referat unterscheiden. Denn das Referat als „mündlicher Vortrag" verlangt über die wissenschaftliche Erarbeitung hinaus **methodisch-didaktische Überlegungen** hinsichtlich:
- Präsentation,
- möglicher Vermittlungshilfen,
- zusätzlicher Informationen usw.

Die Lehrerfahrung an Hochschulen zeigt, daß Studenten bei Referaten meistens dieselben Kriterien anlegen wie bei schriftlichen Ausarbeitungen. Das beruht darauf, daß sie den **Hörer** nicht in die vorbereitenden Überlegungen einbeziehen. Dabei wird häufig auch nicht bedacht, daß ein methodisch und didaktisch gut vorbereitetes und vorgetragenes Referat von den Kommilitonen mit mehr Nutzen und Bereitwilligkeit aufgenommen wird und nicht selten die Zensurengebung beeinflußt.

In Fachbereichen, in denen Übungen, Praktika und Laborarbeiten als theoriebegleitende Veranstaltungen gefordert werden, ist die Durchführung kleinerer Arbeiten (Übungs- und Laborarbeiten) Voraussetzung für den Erwerb eines Teilnahmescheins. Je nach Fachgebiet handelt es sich um den Nachweis der Fähigkeit, anhand begrenzter Aufgaben theoretische Kenntnisse praktisch anzuwenden.

Typisch für technische Fächer sind **Studienarbeiten**. Dies sind Arbeiten geringeren Umfangs, die fachspezifische Arbeitsweisen einüben und zugleich auf die Diplomarbeit als Abschlußarbeit mit höherem Schwierigkeitsgrad vorbereiten. Die Prüfungsordnungen verlangen häufig den Nachweis von zwei bis drei testierten Studienarbeiten als Zulassungsvoraussetzung zur Diplomarbeit.

Am Ende des Studiums steht in der Regel eine größere **Abschlußarbeit**. Mit dieser Arbeit soll der Student nachweisen, daß er in seinem Fachgebiet die erforderlichen Kenntnisse, Fähigkeiten und Fertigkeiten besitzt, selbständig eine wissenschaftliche Fragestellung zu lösen und darzustellen. Solche Arbeiten sind:
- Staatsexamensarbeiten,
- Magisterarbeiten,
- Diplomarbeiten.

In der Dissertation wird in der Regel darüber hinaus ein selbständiger substantieller Beitrag zur Forschung geleistet.

## 8.2 Formale Kennzeichnen wissenschaftlicher Arbeiten

Bezüglich des Aufbaus schriftlicher wissenschaftlicher Arbeiten gibt es eine Reihe von Konventionen, die je nach Umfang, Bedeutung und spezifischen Arbeitsformen einzelner Fachrichtungen variieren.
Grundsätzlich finden sich folgende **Aufbauelemente** in wissenschaftlichen Arbeiten:
– Vorwort,
– Verzeichnis der Abbildungen und/oder Abkürzungen,
– Einleitung,
– Inhaltsverzeichnis/Gliederung,
– Ausführungen (Kapitelfolge),
– Zusammenfassung/Ergebnisse,
– Literaturverzeichnis,
– Sachregister,
– Anhang (Materialteil mit Tabellen, Abbildungen etc.; Verzeichnis der Hilfsmittel; eidesstattliche Erklärung).

Naturwissenschaftliche Arbeiten variieren das Aufbauschema dahingehend, daß die Ausführungen eine Beschreibung des methodischen Ansatzes, der Versuchsanordnung und des Versuchsablaufs enthalten müssen. Es folgen die Versuchsergebnisse und die Diskussion der Ergebnisse, evtl. deren Gegenüberstellung mit der Literatur. Eine Zusammenfassung schließt auch in naturwissenschaftlichen Arbeiten den Hauptteil ab.

**Vorwort**

Ein Vorwort ist nur bei größeren wissenschaftlichen Arbeiten angebracht, bei kürzeren sollte man darauf verzichten oder sich auf eine „Vorbemerkung" beschränken.
Da das Vorwort nicht zum sachlichen Teil der Ausführungen gehört, darf es Persönliches enthalten. Vor allem finden die folgenden Hinweise im Vorwort Platz:
– Bemerkungen zur Entstehung der Arbeit,
– Hinweise auf Besonderheiten, Schwierigkeiten usw.,
– Zweck und Absicht,
– Dankadressen an Mitarbeiter oder Institute.

**Verzeichnis der Abbildungen und Abkürzungen**

Abbildungen

Wenn eine Arbeit größeren Umfanges Tabellen und Abbildungen enthält, so ist es zweckmäßig, diese der Reihe nach durchzunumerieren und in einem gesonderten Inhaltsverzeichnis aufzuführen.

Abkürzungen

Ein Abkürzungsverzeichnis wird für den Schulgebrauch in der Regel nicht erforderlich sein. In wissenschaftlichen Arbeiten dienen Abkürzungsverzeichnisse der Identifizierung von Abkürzungen, die die Langschrift häufig wiederkehrender Begriffe oder Literaturangaben erübrigen.

**Einleitung**

Wenn sich eine Einleitung als zweckmäßig und notwendig erweist, kann sie folgende Angaben enthalten:
– Rechtfertigung des Themas,
– Ziel der Arbeit/Untersuchung,
– Geschichte und Stand der Forschung (bei größeren wissenschaftlichen Arbeiten),
– Kurzüberblick über den Aufbau der Arbeit,
– Angaben über die Herkunft des benutzten Materials.

**Inhaltsverzeichnis**

Das Inhaltsverzeichnis gibt die endgültige Gliederung der Untersuchung wieder und spiegelt den logischen Aufbau der Arbeit. Das Ergebnis einer logischen Gedankenführung muß eine logisch einwandfreie Gliederung sein.

Das Inhaltsverzeichnis soll enthalten:
– Überschriften oder Abschnittstitel, die im Text vollständig wiederholt werden müssen (eine Kennzeichnung der Texte durch ausschließliche Angabe der Kapitelnummern genügt nicht);
– Seitenangaben in arabischen Ziffern.

Bei der Anlage eines Inhaltsverzeichnisses ist ferner darauf zu achten,
– daß die Ziffern ihrer Wertigkeit entsprechend einander zugeordnet und bündig untereinander geschrieben werden (siehe das Inhaltsverzeichnis in diesem Buch),
– daß die Kapitel systemtreu aufgebaut werden, d.h. daß den verschiedenen Kapiteln die gleiche Einteilungsfolge zugrunde liegt, also entweder bei allen Kapiteln Untergliederung oder bei allen Verzicht auf Untergliederung,

- daß die Kapitel systemlogisch angelegt werden, d.h. z.B.: ein Kapitel darf nicht nur einen Unterpunkt haben,
- daß die Kapitelüberschriften stilanalog, d.h. entweder alle nominal, verbal oder interrogativ formuliert werden. (Aus didaktischen Erwägungen wurden bei zwei Kapiteln dieses Buches abweichend vom Nominalstil Fragesätze verwendet.)

Zur Gliederung schlagen wir die Dezimalklassifikation, die heute üblich ist und auch bei umfangreichen Arbeiten eine übersichtliche und tiefe Gliederung ermöglicht, vor.

**Ausführungen**

Die Ausführungen werden nach den Gesichtspunkten zu Kapiteln und Abschnitten geordnet, die sich deutlich aus der Themenstellung der Arbeit ergeben. Diese **Gliederung** findet im Inhaltsverzeichnis ihren Niederschlag. Dabei sollte man sich nicht zum Sklaven einer einmal vorgenommenen Gliederung machen, vielmehr diese als eine vorläufige Ordnung der Gedanken betrachten, die dazu dient, gezielt Material zu sammeln und auf das Thema bezogen zusammenzustellen. Die erste Ordnung sollte nur als Entwurf der Arbeit betrachtet werden, der der Revision und Verbesserung bedarf.

Als Beispiel für das Gesagte soll die vorläufige Gliederung des Kapitels 6 dieses Buches dienen:

*6. Bibliotheken und Archive*

*6.1 Bibliotheken*

*6.1.1 Schulbibliotheken*

*6.1.2 Öffentliche Bibliotheken*

*6.1.3 Hochschulbibliotheken*

*6.1.4 Nationalbibliotheken*

*6.2 Archive*

*6.3 Dienstleistung der Bibliotheken und Archive*

*6.3.1 Dienstleistungen der Bibliotheken*

*6.3.2 Dienstleistungen der Archive*

*6.4 Katalogbenutzung*

*6.5 Was leisten Bibliographien?*

*6.6 Wege der Literatursuche*

Diese vorläufige Gliederung diente uns bei der Abfassung des Kapitels 6 als Arbeitsentwurf. Nachdem wir das Kapitel bearbeitet hatten, ergab sich folgende endgültige Fassung (vgl. auch Abschn. 8.5.2 Gliederung):

6. Bibliotheken und sonstige Informationsquellen
6.1 Informationstellen
6.2 Das System der Bibliotheken
6.3 Die Dienstleistungen der Bibliotheken
6.4 Kataloge und Bibliographien
6.4.1 Kataloge
6.4.2 Bibliographien
6.5 Literatursuche

Bei den Ausführungen muß weiterhin beachtet werden, daß **Hauptgedanken**, die sich mit dem Thema auseinandersetzen, Gegenstand der Hauptkapitel sind und auch dort, und nicht etwa in der Einleitung oder erstmals in der Zusammenfassung stehen.

Kapitel und Abschnitte werden durch **Übergänge** so verbunden, daß der logische Gedankenzusammenhang erkennbar ist und ein flüssiges Lesen ermöglicht wird. Die sorgfältige Gliederung ist die beste Voraussetzung für eine schnelle und sichere Orientierung des Lesers und erleichtert es ihm, die Anordnung und Struktur des Stoffes zu durchschauen.

**Zusammenfassung/Ergebnisse**

Eine Zusammenfassung, ein Ausblick oder eine persönliche Wertung sollte die Facharbeit beschließen. Bei größeren Arbeiten können auch Zusammenfassungen oder Schlußfolgerungen aus einzelnen Kapiteln dem Leser hilfreich sein.

**Literaturverzeichnis**

Das **Literaturverzeichnis** – bei kleineren Abhandlungen, z.B. Facharbeiten, spreche man besser von „Benutzten Büchern" o.ä. – enthält eine Zusammenstellung der herangezogenen Literatur. Man darf nur solche Literatur aufführen, die tatsächlich herangezogen wurde, sich im Text ausweist und deren Benutzung vom Leser kontrolliert werden kann.

Die **Bibliographie** dagegen strebt zu Forschungszwecken die umfassende Auflistung von Literatur zu einem bestimmten Thema an.
Für die Anlage von Literaturverzeichnissen bieten sich je nach Charakter und Umfang der Arbeit verschiedene **Ordnungsmöglichkeiten** an:
1. Alphabetische Anordnung nach Verfassern,
2. Kapitelweise Anordnung,
3. Gliederung nach Quellen (Primärliteratur), z.B. in Fächern, die Quellen interpretieren, wie Geschichte, Rechtswissenschaft, Theologie, Literaturwissenschaft usw. und Forschungsliteratur (Sekundärliteratur),

4. Gliederung nach Art des Schriftums, nämlich:
- Quellen,
- Bibliographien,
- Lexika und Handbücher,
- Aufsätze in Zeitschriften, Sammelwerken und Zeitungen,
- Bücher.

Bei größeren Arbeiten (Diplomarbeiten, Dissertationen u. ä.) leistet eine **Autorenkartei**, die zweckmäßigerweise während der Arbeit angelegt und laufend vervollständigt wird, wertvolle Dienste bei der Anordnung des Literaturverzeichnisses, weil sie Zeit spart und eine flexible Handhabung gewährleistet. Für kleinere Arbeiten (Seminar- und Facharbeiten) genügt die übersichtliche Zusammenstellung der Literatur nach Quellen, Büchern und Aufsätzen.

Bei der Zusammenstellung des Literaturverzeichnisses müssen folgende **Kriterien** berücksichtigt werden:
- Richtigkeit:
  Die Literaturangaben müssen fehlerfrei sein (s. u.);
- Vollständigkeit:
  Alle Informationen, die für die Identifizierung des Werkes notwendig sind, müssen aufgeführt sein;
- Übersichtlichkeit:
  Das Literaturverzeichnis berücksichtigt eine der oben aufgeführten Ordnungsmöglichkeiten;
- Einheitlichkeit:
  Die Aufeinanderfolge der Einzelelemente der Titel muß einem einheitlichen Schema folgen.

Jede Literaturangabe muß mindestens die folgenden **Elemente** aufweisen:
- Zuname (Zunamen), Vorname (Vornamen) des Autors (der Autoren); bei Herausgebern zusätzlich der Hinweis: (Hrsg.),
- keine akademischen Titel, Amtsbezeichnungen usw.,
- vollständiger Titel des Buches,
- Nummer der Auflage, falls nicht 1. Auflage; ferner ggf. Angaben zur Übersetzung oder der Originaltitel,
- Erscheinungsort,
- Erscheinungsjahr,
- Verlagsangabe.

Beispiele:
Bücher

Ein Verfasser
*Hacker, Rupert: Bibliothekarisches Grundwissen, München (Saur), 6. völlig neu bearbeitete Aufl., 1992.*

Mehrere Verfasser
*Rückriem, Georg, Stary, Joachim und Frank, Norbert: Die Technik des wissenschaftlichen Arbeitens, Paderborn (Schöningh), 6. Aufl., 1990.*

Lexikonbeitrag
*Ballwieser, Wolfgang: Art. Abschreibungen, in: Busse von Colbe, Walther: Lexikon des Rechnungswesens, München, Wien (R. Oldenbourg), 1990, S. 4–8*

Aufsätze in Fachzeitschriften und Zeitungen
- Zuname (Zunamen), Vorname (Vornamen) des Verfassers (der Autoren),
- Titel des Aufsatzes,
- Titel der Zeitschrift/Zeitung, einschließlich Jahrgang, Jahr,
- Seitenzahl von ... bis.

*Altwegg, Jürg: Abschied von der Konsumkultur, in: FAZ, Nr. 65 v. 18. März 1993, S. 35.*

  **ÜBUNG 6** — *Ein Verzeichnis Ihrer Bücher anlegen*

Legen Sie ein Literaturverzeichnis für einen Teil Ihrer Hobby-Bibliothek an! Stellen Sie die jeweils neueste Auflage fest! Lösungshilfe: Benutzen Sie hierzu in Ihrer örtlichen Buchhandlung oder Bibliothek den Buchkatalog eines „Barsortiments" (z. B. Koch, Neff, Oetinger)!

## 8.3 Zitate und Anmerkungen

Zitate geben zu erkennen, mit welcher Literatur sich der Verfasser einer wissenschaftlichen Arbeit auseinandergesetzt hat. Sie setzen den Leser instand, diese Auseinandersetzung zu überprüfen und selbst anhand der zitierten Literatur tiefer in ein Forschungsgebiet einzudringen. Innerhalb des Gedankengangs einer Arbeit dienen Zitate dazu, die eigenen Erkenntnisse durch Beweise zu untermauern oder Behauptungen zu belegen; sie können aber auch Gegenstand kritischer Auseinandersetzung sein.

In diesem Sinne versteht man unter Zitieren den **Verweis** auf die als Quellen benutzte Literatur oder auf Arbeiten, aus denen man Gedanken wörtlich oder sinngemäß in die eigene Arbeit übernimmt. Hierbei ist es ein Gebot der wissenschaftlichen Redlichkeit, **geistiges Eigentum Dritter** durch genaue Angaben

der Quellen oder Belege nachprüfbar zu machen. Eine Übernahme geistiges Eigentums, ohne zu zitieren, nennt man Plagiat. Bei größeren wissenschaftlichen Arbeiten, besonders bei Prüfungsarbeiten, gefährden Plagiate deren Anerkennung als ausreichende Prüfungsleistungen und können in besonders schweren Fällen zur Aberkennung eines akademischen Grades führen.

Die Unabdingbarkeit richtigen Zitierens in der Facharbeit wird dadurch betont, daß in den einschlägigen Richtlinien der Unterrichtsverwaltungen der Schüler schriftlich im Anhang der Facharbeit versichern muß, daß er diese selbständig angefertigt und alle benutzten Quellen vollständig angegeben hat.

Für den Anfänger sei auf zwei **Gefahren** des Zitierens hingewiesen:
Erstens auf die Gefahr, daß die Arbeit zu einer Zitatensammlung ausartet. Diese Gefahr liegt dann nahe, wenn der Verfasser glaubt, alle zum Thema gelesene Literatur in der eigenen Arbeit präsentieren zu müssen, um Fleiß oder Belesenheit zu dokumentieren. Vor diesem Verfahren ist zu warnen, denn nicht alles, was man gelesen hat, bezieht sich auf das Thema der Arbeit.

Kollegiaten und Studenten neigen häufig dazu, ihre Arbeiten derartig mit Zitaten zu spicken, daß das eigene gedankliche Profil nicht genügend deutlich und die Arbeit stilistisch uneinheitlich und schwer lesbar wird. Des weiteren sei darauf hingewiesen, daß zum Allgemeingut gewordene Gedanken und Definitionen nicht eines Quellennachweises bedürfen.

Im Gegensatz zum Zuviel-Zitieren besteht die zweite Gefahr im Verzicht auf Zitate. Ursachen hierfür können Nachlässigkeit, Überheblichkeit oder Unvermögen sein:
– Nachlässigkeit, bestehend in der unzureichenden Heranziehung der für die Arbeit erforderlichen Quellen,
– Überheblichkeit als Verzicht auf Auseinandersetzung mit anderen Meinungen zugunsten des überbewerteten eigenen Standpunktes,

- Unvermögen, Inhalte und Standpunkte zu referieren und kritisch gegeneinander abzuwägen, oder einfach das Unvermögen, die Regeln des Zitierens richtig anzuwenden.

Das Haupterfordernis des Zitierens besteht in der **Genauigkeit**. Bei wörtlichen Zitaten ist es üblich:
- das Zitat in doppelte Anführungszeichen zu setzen, Zitate innerhalb eines Zitats in einfache Anführungsstriche zu setzen;
- Hervorhebungen und Rechtschreibung des Verfassers, einschließlich besonderer Eigentümlichkeiten oder Fehler, zu übernehmen.
- Ein offensichtlicher Fehler wird durch (sic!) oder (!) gekennzeichnet.
- Unklarheiten (besonders Pronomen) sind durch Zusätze, die als Anmerkungen des Verfassers kenntlich zu machen sind, zu beseitigen („Anmerkung des Verfassers", „sc." (scilicet): „nämlich", „ergänze").
- Längere Zitate sind im Text einzurücken und engzeiliger zu schreiben.

Bei sinngemäßen Zitaten handelt es sich um die nicht wörtlichen Übernahmen von Gedankengut, Experimenten oder Beispielen aus den benutzten Quellen in eigener Formulierung. Sie werden nicht in Anführungszeichen gesetzt, doch muß eine Zahl am Ende der Übernahme auf eine Fußnote mit der genauen Quellenangabe hinweisen. Die Quellenangabe wird in diesem Fall mit dem Vermerk „vgl." (= vergleiche) eingeleitet. Sinngemäße Zitate werden dort angewandt, wo größere Zusammenhänge verkürzend referiert werden.

Beispiele
Wörtliches Zitat:
*„Die Wichtigkeit der Strukturierung eines Stoffes für das Behalten bestätigen auch Versuche der Lernpsychologie (Ebbinghaus, Maddox u.a.), die experimentell nachgewiesen haben, daß gut strukturiertes Material – Prinzipien, Gesetzmäßigkeiten, aber auch durch Versmaß und Reim gebundene Gedichte – sehr viel besser behalten werden als schwach bzw. gar nicht strukturiertes Material, wie Prosatexte und sinnlose Silben."*

*Hülshoff, Friedhelm und Kaldewey, Rüdiger: Mit Erfolg studieren, München (Beck), 3. Aufl., 1993, S. 209.*

Dasselbe als sinngemäßes Zitat:
*Ebbinghaus, Maddox u.a. haben den experimentellen Nachweis erbracht, daß strukturiertes Material besser behalten wird als unstrukturiertes.*

vgl. ebd.

Eine Selbstverständlichkeit des genauen und richtigen Zitierens liegt darüber hinaus darin, daß wörtliche und sinngemäße Zitate nicht aus dem gedanklichen Zusammenhang der Quellen herausgerissen werden und damit den ursprünglichen Sinn **verfälschen** dürfen. Gegen diese Forderung wird in der Praxis häufig verstoßen, obwohl dies als schwerwiegender Verstoß gegen die Wissenschaftlichkeit einer Arbeit gilt. Unbeabsichtigt kommt dieser Fehler dann vor, wenn man aus der Sekundärliteratur Zitate übernimmt, ohne diese an der Originalquelle überprüft zu haben. Überhaupt soll man sich zum Ziel setzen, die **Originalliteratur** – bis auf die wenigen Fälle, in denen diese nicht zugänglich ist – selbst einzusehen. Zitate, die in den genannten Fällen aus der Sekundärliteratur übernommen werden, muß man durch den Hinweis „zitiert nach" kennzeichnen.

**Zitierschemata**

In den Geistes- und Naturwissenschaften haben sich unterschiedliche Zitierschemata eingebürgert. Darüber hinaus gibt es länderspezifische Zitiergewohnheiten.

Harvard-System
Dieses in Amerika übliche und auch zunehmend in Deutschland verwandte Zitierschema verweist im fortlaufenden Text auf die Quelle durch Nennung des Autorenzunamens, des Veröffentlichungsjahrs und der Seite. Mehrere Veröffentlichungen desselben Autors aus demselben Jahr werden durch die lateinischen Kleinbuchstaben „a" und „b" usf. kenntlich gemacht, z. B.: *Kunzelmann 1993 a, S. 176*.

Am Ende des Buches oder Aufsatzes werden die zitierten Quellen in der alphabetischen Reihenfolge der Nachnamen der Autoren zusammengestellt.

Naturwissenschaftlich-technisches Zitiersystem
Kennzeichnend für dieses System ist die fortlaufende Numerierung der wörtlichen und sinngemäßen Zitate durch eine in Klammern gesetzte Zahl – z. B. (13) am Ende des Zitats. Dadurch wird der Lesefluß kaum unterbrochen; nachteilig wirkt sich allerdings aus, daß die Zitate nur durch Nachschlagen im Anmerkungs- bzw. Literaturverzeichnis identifiziert werden können.

Geisteswissenschaftliches Zitierschema (Fußnoten)
In den Geisteswissenschaften ist es üblich, die Quelle auf derselben Seite wie das Zitat ausführlich anzugeben. Das geschieht durch eine Fußnote. Diese Fußnote, auf die eine hochgestellte Ziffer am Ende des Zitats verweist, enthält:
– Zuname des Autors,
– Vornamen des Autors,
– genauen Titel der Veröffentlichung,
– Auflage (falls nicht die erste),
– Erscheinungsort,
– Verlag, (Forts. auf S. 102)

Beispiele für Fußnoten

> fortlaufender Text, fortlaufender Text[1], fortlaufender Text, fortlaufender Text, fortlaufender Text[2], fortlaufender Text, fortlaufender Text, fortlaufender Text[3], fortlaufender Text, fortlaufender Text, fortlaufender Text, fortlaufender Text[4], fortlaufender Text, fortlaufender Text, fortlaufender Text, fortlaufender Text, fortlaufender Text, fortlaufender Text[5], fortlaufender Text,

| | | |
|---|---|---|
| 1 Grandjean, Etienne: Physiologische Arbeitsgestaltung. Leitfaden der Ergonomie, Thun und München (Ott), 4. Aufl., 1991, S. 49. | ⟶ | Erstmaliges Zitat eines Verfassers: vollständige Angabe. |
| 2 ebd. | ⟶ | Nächstfolgendes Zitat derselben Quelle, desselben Verfassers, derselben Seite. |
| 3 Zielke, Wolfgang: Schneller lesen, intensiver lesen, besser behalten, München (mvg), 4. Aufl., 1991, S. 94-96. | ⟶ | Weiterer Autor mit vollständiger Quellenangabe; wörtliches Zitat, das auf S. 94 beginnt und auf S. 96 endet. |
| 4 vgl. Zielke, a.a.O. S. 104 | ⟶ | Sinngemäßes Zitat aus demselben Buch. |
| 5 Harder, Olaf: Fachhochschulen in Österreich, in: Die neue Hochschule, Bd. 34 (1993), Heft 1, S. 8. | ⟶ | Wörtliches Zeitschriftenzitat. |

- Erscheinungsjahr,
- Seitenangabe,
- gegebenenfalls Herausgeber, Übersetzer, Band, Jahrgang und Nummer der Zeitschrift.

Bei wiederholtem Zitieren desselben Autors aus derselben Veröffentlichung kann man verkürzende Fußnotenangaben machen. In diesem Fall beschränkt man sich auf den Zunamen und den abgekürzten Vornamen des Autors und verweist auf das zitierte Werk mit der Abkürzung *a.a.O.* (= am angegebenen Ort) und Seitenzahl. Bei mehreren Werken desselben Autors kann man nach der ersten vollständigen Fußnote einen abkürzenden Literaturverweis wählen.

Zitiert man mehr aus derselben Seite, genügt die Abkürzung *„ebd."* ohne Seitenangabe. Auf jeden Fall aber muß die Fußnote eine eindeutige Identifizierung der Quelle sichern.

Bei der Numerierung der Fußnoten kann man verschiedene Verfahren anwenden:
- Seitenweise Numerierung:
  Zitate und Anmerkungen werden auf jeder Seite von 1 an neu durchnumeriert.
- Kapitelweise Numerierung:
  Die Fußnoten werden fortlaufend für das gesamte Kapitel durchnumeriert. Häufig ist dann auch die Literatur am Ende des Kapitels zusammengestellt.
- Durchlaufende Numerierung:
  Durchnumerierung der Fußnoten von der ersten bis zur letzten Seite ist nur bei Arbeiten geringeren Umfangs zu empfehlen, weil sich Zählirrtümer nur sehr schwer korrigieren lassen und spätere Einfügungen nur um den Preis der Gesamtkorrektur der Fußnotenzählung möglich sind.

Fußnoten enthalten auch die sogenannten **Anmerkungen**. Darunter versteht man solche Hinweise, die nur in einem mittelbaren Bezug zum fortlaufenden Text stehen, den Lesefluß stören würden, aber dennoch aus folgenden Gründen notwendig sein können:
- um zusätzliche Erläuterungen, Hinweise, Differenzierungen, Ausblicke, Anregungen zu geben, die für speziell interessierte Leser oder für die Forschung von Interesse sein könnten;
- um Querverweise auf bereits behandelte oder noch zu behandelnde Themen der eigenen Arbeit zu geben. Häufig finden sich solche Querverweise im Text angeführt.

Als Regeln für die Aufnahme von Anmerkungen können gelten:
- Wesentliche Elemente, die zum Verständnis der Arbeit notwendig sind, gehören nicht in die Anmerkungen, sondern in den fortlaufenden Text.
- Anmerkungen sollten im Normalfall sparsam verwendet werden und dürfen nicht zur Dokumentation eigener Belesenheit und „Wissenschaftlichkeit" des Autors mißbraucht werden.

## 8.4 Zeitplanung

Die von Schülern und Studenten eingeforderten Arbeiten sind in der Regel terminlich gebunden. Deshalb muß man Überlegungen anstellen, welche Arbeiten im einzelnen durchzuführen und in welches Zeitraster diese unterzubringen sind.
Bei der Erstellung des **Arbeitplanes** sind folgenden Arbeitsschritte zu beachten:
- Stoff- und Literatursammlung bzw.
- empirische Untersuchungen und Versuche,
- Auswertung der vorhandenen bzw. zu beschaffenden Literatur,
- Niederschrift und Überarbeitung des Rohentwurfs,
- Niederschrift und Überarbeitung des Manuskripts,
- Erstellung und Durchsicht der Reinschrift,
- ggf. Binden und Abgabe.

Einige dieser Schritte lassen sich zeitlich ziemlich genau fixieren, z.B. Binden (ein bis drei Tage) und Reinschrift (je nach Länge der Arbeit drei bis 14 Tage oder mehr). Weiterhin gilt als Faustregel, daß für Beschaffung, Durchsicht und

Im zweiten Schulhalbjahr hat Thomas eine Facharbeit von ca. 20 Schreibmaschinenseiten zu erstellen und abzugeben. Ihm stehen bis zum Abgabetermin neun Wochen zur Verfügung. Erstellen Sie einen Zeitplan, in dem Sie die oben angegebenen Arbeitschritte berücksichtigen! Achten Sie darauf, daß Sie die benötigte Arbeitszeit in ihrem Wochenarbeitsplan mit berücksichtigen müssen!

Auswertung der Literatur bzw. Durchführung von Untersuchungen und Versuchen nicht mehr als die Hälfte der insgesamt zur Verfügung stehenden Zeit aufgewendet werden sollte. Unter Berücksichtigung angemessener Zeitreserven und Beachtung der übrigen regelmäßig anfallenden Verpflichtungen muß die Gesamtplanung erstellt und in mittel- und langfristige Zeitpläne übertragen werden (vgl. Kapitel 2.4. Langfristige, mittelfristige und kurzfristige Zeitpläne).

## 8.5 Stoffverarbeitung und Manuskript

In diesem Abschnitt wollen wir uns mit der Verarbeitung des Materials und der Gestaltung des Manuskripts beschäftigen.

### 8.5.1 Materialauswertung

Die Materialsammlung soll uns einen ersten Überblick über die für das Thema relevante Literatur verschaffen. Dieses möglicherweise umfangreiche Material bedarf der Sichtung, Aussonderung und Sicherung.
Schon während der Buchausleihe ergibt eine erste Sichtung, daß angefordertes Material sich für das Thema als nicht geeignet erweist. Diese Bücher kann man sofort zurückgeben und von seiner Literatur-Such-Liste streichen. Dies empfiehlt sich auch deswegen, damit Sie nicht zu Hause vor dem Bücherberg kapitulieren und um die Bücher anderen Benutzern zugänglich zu machen. Die Literatur, die sich nach der ersten Sichtung als brauchbar herausstellt, bedarf der weiteren Bearbeitung und Auswertung. Hierbei heißt es, ein System zu entwickeln, nämlich:
1. nicht sofort lesen, sondern sich einen Überblick verschaffen anhand
   – des Inhaltsverzeichnisses,
   – des Vorwortes,
   – der Kapitel- und Gesamtzusammenfassungen.
   (Vgl. Kap. 7.1 Lesemethoden)
2. Fragen stellen:
   Welche Teile, Kapitel oder Seiten des Buches geben auf die vom Thema aufgeworfenen Fragen Antwort?
3. Lesen im Überblick:
   Das überblickartige Lesen ermöglicht die Beantwortung der Frage, ob die als wichtig vermuteten Kapitel/Seiten auch wirklich für das Thema in Betracht kommen. Ist das eindeutig nicht der Fall, sondert man das Buch aus der weiteren Bearbeitung aus.

Im Zweifelsfalle wird man zur Sicherung einen **Vermerk** mit genauen bibliographischen Angaben anlegen und die Hauptgedanken der möglicherweise in Frage kommenden Kapitel oder Seiten notieren.

Sobald man beim Lesen Klarheit darüber gewinnt, welche Gedanken oder Quellen man zur Bearbeitung des Themas heranziehen muß, bedarf es der Überlegungen, wie man die gesammelten Informationen sichern kann. Als zweckmäßig haben sich in jedem Falle lose Blätter erwiesen, die am Ende der Stoffsammlung nach Stichworten einander zugeordnet werden, einen Überblick über das zur Verfügung stehende Material erlauben und als Bausteine für eine erste Gliederung dienen. Bei größeren wissenschaftlichen Arbeiten empfiehlt sich zu diesem Zweck die Anlage einer Schlagwortkartei (vgl. Abschn. 7.2.1 Exzerpieren).

Hier bietet sich auch der Einsatz eines PCs für diejenigen an, die die Technik des PCs beherrschen.

## 8.5.2 Gliederung

Während der Literaturbearbeitung wird man allmählich zu einer gedanklichen Grobgliederung des Themas gelangen. Diese sollte man schriftlich fixieren und je nach Lernfortschritt mit neuen Gliederungspunkten anreichern und gegebenenfalls umstellen. Am Ende der **Literatursichtung** solte eine möglichst tiefe Gliederung stehen. Dadurch entgeht man der Gefahr, daß einzelne Kapitel der Facharbeit/Seminararbeit im Hinblick auf das Gesamtthema über- oder unterwertig abgehandelt werden. Außerdem ist die Gliederung der rote Faden, an den man sich bei der sukzessiven Bearbeitung des Themas halten kann, ohne sich in unwichtige Details zu verlieren.

Wenn man schon, ohne die Gesamtkonzeption der Arbeit strukturiert zu haben, bei der Sichtung des Materials Teile ausformuliert, läuft man Gefahr, diese Texte deswegen umarbeiten zu müssen, weil die endgültige Konzeption eine andere Schwerpunktbildung oder Gedankenführung erfordert.

Wenn auch die endgültige Gliederung in der Regel am Ende der Stoffbearbeitung zustande kommt, kann man dennoch um der zielgerichteten Arbeit und der sinnvollen Arbeitstechnik willen auf eine **vorläufige Gliederung** zu einem möglichst frühen Zeitpunkt nicht verzichten. Der Aufbau der Arbeit, der seinen Ausdruck in der Gliederung findet, wird nach Fächern und Themenstellung unterschiedlich sein. Bei Themen aus geisteswissenschaftlichen Fächern wird man sich im wesentlichen an die im Deutschunterricht vermittelten Gliederungskriterien anlehnen können.

Arbeiten aus naturwissenschaftlich-technischen Disziplinen, vor allem experimentelle Arbeiten, können folgende **Aufbauelemente** enthalten:
- Zusammenfassung:
  Unmittelbar hinter dem Deckblatt steht bei naturwissenschaftlich-technischen Arbeiten eine Zusammenfassung, die eine DIN-A4-Seite nicht überschreiten soll. Sie gibt Auskunft über
  - die Aufgabenstellung und Zielsetzung der Arbeit,
  - den technischen oder naturwissenschaftlichen Zusammenhang, aus dem die Aufgabenstellung stammt,
  - und die wichtigsten Ergebnisse der Arbeit;
- Bedingungen und Methoden der Untersuchung;
- Durchführung der Untersuchung;
- Untersuchungsergebnisse;
  Soweit hier mathematische Gleichungen, Einheiten oder chemische Verbindungen verwendert werden, sollte man folgende Formalien beachten:
  - Mathematische Gleichungen sollen zweizeilig geschrieben und mit arabischen Ziffern in runden Klammern durchnumeriert werden;
  - ein Formelzeichen oder Symbol darf jeweils nur eine Größe charakterisieren;
  - auch in der Schule sollte man sich wie später in der Hochschule der gesetzlich vorgeschriebenen Einheiten des Internationalen Systems (SI-Einheiten) bedienen. Einzelheiten findet man in der DIN 1301. Literatur: Herder, W. und Gartner, E.: Die gesetzlichen Einheiten der Technik, Berlin (Beuth Vertrieb GmbH, Burggrafenstr. 4–7, 1000 Berlin 30);
  - chemische Verbindungen, soweit sie in Text und Tabellen verwendet werden, sind mit ihren systematischen Namen zu bezeichnen. Hierfür gibt es die „Regeln der Internationalen Union für Reine und Angewandte Chemie". Literatur: Internationale Regeln für die Chemische Nomenklatur und Terminologie, VCH Verlagsgesellschaft, Weinheim/Bergstr. Eine weiter Arbeitshilfe sind die Zeichenschablonen für organisch-chemische Strukturformeln aus demselben Verlag.
- Diskussion der Ergebnisse (evtl. Gegenüberstellung zur Literatur) und weiterführende Probleme;
- Literaturverzeichnis;
  (vgl. Naturwissenschaftlich-technisches Zitiersystem in Kap. 8.3)
- Tabellen und Abbildungen;
  Tabellen sind fortlaufend zu numerieren, und auf jede Tabelle ist im Text hinzuweisen. Zu jeder Tabelle gehört eine Überschrift, die ohne weiteres Studium der Texte zu verstehen sein muß. Für alle in einer Tabelle auftretenden Größen müssen die Dimensionen angegeben werden.
  Für alle Abbildungen gilt hinsichtlich der Erläuterung dasselbe wie für Tabellen.

– Anhang
In den Anhang gehören das Verzeichnis von Hilfsmitteln, wie Geräte, Meßinstrumente usw., sowie alle Erläuterungen, die aus Gründen der Dokumentation und Nachprüfarbeit der Ergebnisse notwendig sind, zum Verständnis des Textteils jedoch nur in geringem Maße beitragen.

Da die Gliederung die Grobskizze und den roten Faden der Arbeit darstellt, an der sich Bearbeiter und Leser orientieren, bedarf ihre Einarbeitung besonderer Sorgfalt. Um Fehler auszuschalten, schlagen wir eine Kontrolle anhand einer Checkliste vor (Formblatt 11).

## AUFGABE 15 — Gliederung verbessern

Versuchen Sie die folgende fehlerhafte Gliederung zu verbessern! Beachten Sie die in der Checkliste genannten Kriterien. Die Gliederung deckt einen Textteil von sechs Seiten ab.

6 Hausaufgaben: Unerläßlich, aber ...?
6.1 Störfaktoren bei Hausaufgaben
6.1.2 Äußere Störfaktoren
6.1.2.1 Unzweckmäßige Ausstattung des Arbeitsplatzes
6.1.2.2 Ungenügende Ausstattung des Arbeitsplatzes
6.1.2.a Mangel an Kenntnissen
6.1.2.b Störungen durch Familienmitglieder

6.2 Innere Störfaktoren
6.2.1 Konzentrationsmangel
6.2.2 Motivationsmangel
6.2.3 Sonstige Mängel

6.3 Wieviel Zeit für Hausaufgaben?
6.3.1 Pausen beachten

6.4 Warum Hausaufgaben?
6.4.1 Warum sollen Hausaufgaben gemacht werden?
6.4.2 Wieviel Zeit vorsehen?
6.4.3 Wo Hausaufgaben erledigen?

6.5.1 Wie Hausaufgaben einteilen?
6.5.2 Wie Pausen festlegen?
6.5.3 Wo und wann arbeiten?

### 8.5.3 Niederschrift

Eine gute Gliederung bildet das **Gerüst** der Arbeit, das in der ersten Niederschrift mit Inhalten ausgefüllt werden muß. Zudem ermöglicht die Gliederung die wahlweise Bearbeitung einzelner Kapitel, d. h., man muß sich bei der Niederschrift nicht unbedingt an die Reihenfolge der Gliederungspunkte halten. Oft ist es sogar zweckmäßig, das oder die Kapitel zunächst zu bearbeiten, die man besonders gut zu beherrschen glaubt, deren Literatur man vollständig bearbeitet hat und für die man besonders motiviert ist. Ob man unter diesen Voraussetzungen bereits endgültig, auch stilistische Feinheiten beachtend, formuliert oder ob man in einem Zuge „darauflosschreibt", hängt vom persönlichen Arbeitsstil ab.

Während ersteres den Schreibfluß hemmen kann, liegt der Nachteil der zweiten Form darin, daß sie einen größeren Zeitaufwand zur Korrektur verlangt.
Bei der Abfassung des handschriftlichen Manuskripts sollte man im Hinblick auf spätere Korrekturmöglichkeiten – in besonderem Maße trifft dies für den letzteren Fall zu – darauf achten, daß
– nur einseitig
– DIN-A4-Bögen beschrieben werden;
– die Blätter mit einem ausreichenden Korrekturrand versehen werden;
– die Bögen fortlaufend numeriert werden;
– durch Übernahme der Gliederungspunkte ins Manuskript eine spätere Umordnung der einzelnen Kapitel oder Abschnitte möglich bleibt;
– am unteren Seitenende ausreichend Platz für Fußnoten und Anmerkungen gelassen wird und diese auf jeden Fall sehr sorgfältig und genau übernommen werden.

Hier lohnt sich die Arbeit mit dem PC, weil die hier genannten Arbeitsschritte mit seiner Hilfe rationeller erledigt werden können.

Wenn die vorläufige Fassung der **ersten Niederschrift** erfolgt ist, lassen Sie die Arbeit einige Tage ruhen, um Abstand zu gewinnen, damit Sie dann kritisch die erste Überarbeitung vornehmen können.

Bei der **Überarbeitung** ist auf folgende Punkte zu achten:

Logische und überzeugende Gedankenführung
– Sind die Gedanken themenbezogen oder schweifen sie auf Nebengebiete ab?
– Werden einmal begonnene Gedanken logisch zu Ende geführt?
– Kann man die Deutlichkeit der Gedankenführung durch Beispiele, Zitate, Tabellen, graphische Darstellung oder Bilder erhöhen?

– Sind die Inhalte des behandelten Abschnittes genau auf dessen Überschrift bezogen?
– Sind die durch das Thema gegebenen Schwerpunkte erkannt und richtig gesetzt?

Logisch strukturierter und übersichtlicher Aufbau
– Bilden die Abfolge der Kapitel und deren Untergliederung eine logische Kette?
– Sind die einzelnen Kapitel und Abschnitte inhaltlich und in der äußeren Anordnung deutlich voneinander abgehoben?
– Ist die Länge der Kapitel ihrer Bedeutung angemessen?
– Sind die Übergänge zwischen Abschnitten und Kapiteln so gestaltet, daß der Lesefluß durch unmotivierte Gedankensprünge nicht gestört wird?

Themengerechte Sprachhaltung
Fach- und Seminararbeiten nähern sich in der Regel der wissenschaftlichen Fachsprache an, die sich durch Sachlichkeit, Definitionsklarheit und – vor allem in den naturwissenschaftlichen Fächern – durch Knappheit auszeichnet. Sachlicher Stil ist nicht zu verwechseln mit sprachlicher Einfallslosigkeit. Man achte deshalb auf:
– Präzision und Abwechslung in der Wortwahl (Synonymwörterbuch),
– Anschaulichkeit in der Darstellung,
– grammatische Richtigkeit,
– Angemessenheit in der stilistischen Gestaltung: Beachte die Stilregeln des Deutschunterrichtes!

Formale Richtigkeit
Als Selbstverständlichkeit wird erwartet, daß sich die Facharbeit an den Normen der üblichen Rechtschreibung und Zeichensetzung orientiert. Maßstab hierfür ist die jeweils letzte Ausgabe des DUDEN. Fehler in der Orthographie mindern die Qualität der Arbeit und gehen bewußt oder unbewußt, wie übrigens auch sprachliche Mängel, in die Bewertung ein.
Deshalb lohnt es sich, die Arbeit nach der Niederschrift eigens auf diese Gesichtspunkte hin zu überprüfen.
Eine Hilfe, die zur Korrektur stilistischer und orthographischer Mängel in Anspruch genommen wird, stellt keinen Verstoß gegen die Forderung dar, daß die Arbeit selbständig angefertigt werden muß.

Nach der Durchsicht des ersten Entwurfs anhand der vier genannten Kriterien wird häufig eine kapitelweise oder gesamte **neue Niederschrift** notwendig sein.
Wenn die Arbeit maschinenschriftlich erstellt wird, sollte der letzte Entwurf weithin fehlerfrei und schematisch in Maschinenschrift übertragbar sein. Wenn in-

folge eines unübersichtlichen Manuskripts Fehler in die Reinschrift übertragen werden, ist deren Korrektur zeitraubend, für den ungeübten Schreiber enervierend, und die Sauberkeit des Manuskripts wird beeinträchtigt. Konsequenz: Das letzte Manuskript muß so angelegt sein, daß man es mühelos in die Reinschrift übertragen kann. Das Original wird abgegeben, eine Durchschrift bleibt beim Verfasser. Analoges gilt für die Arbeit mit dem PC. Hier ist die Anfertigung von Korrekturen und Revisionen viel weniger aufwendig als bei handschriftlichen und maschinenschriftlichen Manuskripten, weil ja nur Geändertes neu eingegeben werden muß.

### 8.5.4 Äußere Form der Arbeit

Die endgültige Fassung der Facharbeit enthält folgende **Bestandteile**:
- Einband,
- Deckblatt,
- Titelblatt,
- Inhaltsverzeichnis/Gliederung,
- Vorwort/Einleitung,
- Abhandlung,
- Literaturverzeichnis,
- Anhang,
- eidesstattliche Erklärung.

Bei den Formalien orientiere man sich zunächst an den spezifischen Anforderungen oder Gepflogenheiten der Schule oder Hochschule. Berücksichtigen Sie die Anforderungen des Sie betreuenden Referenten!

Im allgemeinen können folgende **Hinweise** hilfreich sein:
- Als Einband eignen sich Schnellhefter, Klarsichthüllen oder Klemmhefter; gefälliger ist – vor allem bei größeren Arbeiten – eine einfache Bindung.
- Vor das Titelblatt gehört ein unbeschriebenes Deckblatt, das der Aufnahme der Regularien (z. B. Eingangsstempel, Vermerke) dient.

Das **Titelblatt** enthält:
- Name der Ausbildungsinstitution,
- Fach,
- Thema (Großbuchstaben und Leertaste),
- Name und Amtsbezeichnung des Referenten (das ist der die Arbeit betreuende Lehrer/Dozent),
- Name des Verfassers,
- Abgabedatum.

**Muster für Titelblätter mit unterschiedlicher Anordnung**

---

Staatliches Gymnasium _____

Fach: _____

THEMA MIT GROSSBUCHSTABEN UND LEERTASTE
_____

Referent: Oberstudienrat _____

vorgelegt von: _____

Klasse _____ Kurs _____
Abgabedatum _____

---

Staatliches Gymnasium _____

Fach: _____

THEMA MIT GROSSBUCHSTABEN UND LEERTASTE
_____

Referent: Oberstudienrat _____

vorgelegt von: _____

Klasse _____ Kurs _____
Abgabedatum _____

Zur Anordnung der Elemente des Titelblattes vergleiche die vorstehenden Muster, von denen das erste bündig, das zweite zentriert gestaltet ist. Deckblatt und Titelblatt werden nicht numeriert.

Wie man ein **Inhaltsverzeichnis** formal übersichtlich gestaltet, zeigt Ihnen das Inhaltsverzeichnis zu diesem Buch. Achten Sie auf:
– Hervorhebung der Kapitelüberschriften,
– eingerückte Unterabschnitte,
– bündige Anordnung einander gleichrangiger Zahlen und Abschnitte,
– unterschiedliche Zeilenabstände, die den Stellenwert der Gliederungspunkte andeuten,
– richtige Reihenfolge der Gliederungselemente (s. o.),
– genaue Seitenangaben.

Zur formalen Anlage von Vorwort, Einleitung, der eigentlichen Abhandlung, Literaturverzeichnis und Anhang vgl. 8.5.2.

Der fortlaufende Text von Vorwort, Einleitung und Abhandlung wird mit 1,5zeiligem Abstand maschinenschriftlich oder am PC geschrieben.
Achten Sie darauf, einen ca. 2 bis 3 cm breiten Heftrand auf der linken Seite und einen ca. 5 cm breiten Rand rechts für Korrekturen des Referenten auszusparen.

Die eidesstattliche Erklärung, die die Arbeit beschließt, hat folgenden Wortlaut:
*Eidesstattliche Erklärung*
*Hiermit erkläre ich an Eides Statt, daß ich die vorliegende Arbeit selbständig und nur mit den angegebenen Hilfsmitteln angefertigt habe.*
*Ort, Datum*
*Unterschrift*

Ein beinahe überflüssiger, aber sich aus der Prüfungspraxis ergebender Ratschlag geht dahin, vor einem evtl. Kolloquium über die Arbeit diese noch einmal zu lesen und sich die wesentlichen Ergebnisse ins Gedächtnis zu rufen.

# 9 Mündliche Referate und Visualisierungstechniken

„Die Rede ist keine Schreibe." Viele Schüler kennen die Ergebnisse, wenn einer ihrer Mitschüler gehalten ist, über ein bestimmtes Thema zu referieren und nichts anderes als einen schlechten Vorlesungsmonolog bietet. Dieser besteht im wesentlichen darin, daß ein schriftlich ausformulierter Text ohne Hörerbezug und ohne zusätzliche Verstehenshilfe vorgelesen wird. Der Lernerfolg ist einseitig, da nur der Referent durch die vertiefte Beschäftigung mit der Materie einen Erkenntniszuwachs gewinnt und die frustrierten Zuhörer leer ausgehen. Dieser Mißerfolg beruht auf einer nicht überlegten Übertragung von Elementen der **schriftlichen Kommunikation** auf die mündliche.

Das mündliche Referat erfordert aber gerade die Fähigkeit, situationsbezogen, unter aktiver Einbeziehung des Zuhörers und unter Einsatz zusätzlicher Verstehenshilfen seine Gedanken zu entwickeln.

Alle Regeln, die man bei der Planung, Vorbereitung und Darbietung eines mündlichen Referates beachten muß, orientieren sich an den Prinzipien einer

hörer- und situationsbezogenen **mündlichen Kommunikation**, die durch visuelle Medien unterstützt werden kann.

Wir beschränken uns in diesem Kapitel auf den informativen und zum Mitdenken anregenden **sachorientierten Vortrag**. Deshalb bleiben andere, vor allem persuasive Redeformen, z. B. politische Reden, außer acht.

## 9.1 Planung des Referats

Facharbeit, Seminararbeit und Referat in dem oben beschriebenen Sinne sind in ihrem Gehalt und Informationswert grundsätzlich gleich, unterscheiden sich aber wesentlich in der Art der Darstellung und Darbietung. Deshalb kann für die Themenwahl und Materialsammlung auf die entsprechenden Ausführungen zur Fach- und Seminararbeit hingewiesen werden. Im Unterschied zu diesen Arbeiten ist aber bei der Strukturierung und Aufarbeitung des Materials für ein Referat neben den vom Stoff vorgegebenen Gliederungsgesichtspunkten immer der Hörer in die Überlegungen miteinzubeziehen. Dabei erweisen sich vier **grundlegende Überlegungen** als notwendig: nach dem Ziel des Referats, der gedanklichen Abfolge, dem Einstieg und der Präsentation.

**Ziel**

Der Aufbau des Referats hat auszugehen von dem Ziel, das mit dem Referat erreicht werden soll. D. h. die Vorbereitung verläuft genau umgekehrt wie der Vortrag, in welchem das Ziel am Ende als Ergebnis erscheint. Aufgrund seiner sachlichen Vorinformation und seines Kenntnisstandes muß der Referent in der Lage sein, den wesentlichen Kern seines Referates zu bestimmen und pointiert in einem bündigen Satz (Zwecksatz) zu formulieren. Man kann davon ausgehen, daß die meisten Themen ein Problem, eine Frage oder einen kontrovers beur-

*Das gilt bei Referaten wie bei Büttenreden!*

teilten Sachverhalt enthalten, den es aufzudecken, zu klären oder zu beurteilen gilt. So enthält beispielsweise das Thema „Interessenverbände in Deutschland" versteckt die Frage nach der Beurteilung ihrer Rolle, eine Frage, die je nach staatsrechtlichem Standpunkt unterschiedlich beurteilt werden kann. Von dem Ziel, zu dieser Frage Stellung zu beziehen, leitet sich die gedankliche Abfolge, die den Hauptteil des Referates bildet, ab.

**Gedankliche Abfolge**

Hilfreich zur Klärung und zur logischen Ordnung der Gedanken auf das Ziel hin können die folgenden Leitfragen sein:
– Was will ich darlegen, erklären, beweisen oder widerlegen?
– Welcher Mittel kann ich mich dazu bedienen (Argumentation, Darstellung und Beschreibung, Experimente, Veranschaulichungen über Medien)?
– Welches Material aus der Stoffsammlung ist im Hinblick auf das Ziel des Referates von Bedeutung?
– Welche Thesen, Argumente, Beispiele, Gesichtspunkte oder Versuchsergebnisse sind methodisch notwendige Schritte auf dem Weg zum Ziel?
– Welche Gedanken will ich besonders herausstellen?
– Wie ordne ich die zu behandelnden Punkte an, damit sie folgerichtig und überzeugend zum Ziel führen?

**Der Einstieg**

Der Einstieg in das Referat ist der letzte Teil der Planung. Er ergibt sich aus den situativen Bedingungen, den Erwartungen, Vorkenntnissen und dem Vorverständnis des Hörerkreises einerseits und den ihnen korrelierenden Aspekten des Themas andererseits. Der Einstieg kann verschieden gestaltet werden, sollte aber auf jeden Fall folgendes zu erreichen suchen:
- zum Thema hinführen,
- Interesse erwecken,
- Motivation erzeugen,
- zum Mitdenken anregen.

Versetzen Sie sich in die Rolle des Zuhörers und überlegen Sie, wodurch Ihre Aufmerksamkeit für ein Thema erweckt werden könnte. In der Praxis hat sich häufig eine indirekte Hinführung zum Thema, die einen unerwarteten Aufmerksamkeitseffekt erzeugt, bewährt.

## AUFGABE 16 ▶ Referatseinstieg

Das Thema Ihres Referats lautet: „Leben und Werk von Karl Marx".
Zu diesem Thema sollen Sie einen Einstieg finden.
Ein häufiger, wenig phantasievoller Einstieg wäre folgende Formulierung:
„Der Philosoph und Revolutionär Karl Marx wurde 1818 in Trier geboren. Er besuchte das Friedrich-Wilhelm-Gymnasium ..."
Überlegen Sie sich bessere Einstiegsmöglichkeiten, die den Zuhörer stärker aktivieren!
Das Thema „Präsentation" wird in Kap. 9.3 behandelt.

## 9.2 Die Vorbereitung des mündlichen Referats

Die Vorbereitung eines mündlichen Referats erfordert mindestens den gleichen Arbeitsaufwand wie das Ausformulieren eines Textes, da nicht die Arbeit geringer, sondern nur die Technik eine andere ist. Unter der Voraussetzung, daß Sie sich klargeworden sind über
- das Ziel des Referats,
- die Struktur der gedanklichen Abfolge,

- den mündlichen Einstieg ins Thema,
- Einordnung des Themas in den Zusammenhang des Unterrichts oder Seminars,
- Vorkenntnisse und Voreinstellungen der Zuhörer,
- Erwartungen und Interessenlage der Zuhörer,

kann nun die Vorbereitung des Referats beginnen.

Als Orientierungshilfe für diese Vorbereitungsarbeit geben wir Ihnen **10 Regeln** an die Hand:

1. Formulieren Sie den Kerngedanken des Referats möglichst kurz und bündig!
2. Entwickeln Sie aus der Materialsammlung und -verarbeitung stichwortartig eine logische Gedankenabfolge auf den Kerngedanken hin!
3. Ordnen Sie die Gedanken in einem vorläufigen Stichwortzettel!
4. Suchen Sie Argumente, Belege, Zitate, Beweise, Beispiele zu den Stichworten und notieren sie diese einzeln auf Karteikarten oder auf losen Blättern. Überlegen Sie, wie sie diese präsentieren können!
5. Formulieren Sie Definitionen, wichtige Überleitungen oder Kernsätze aus und sortieren Sie diese ebenfalls auf Karteikarten oder losen Blättern!
6. Erster lauter Sprechversuch, nach Möglichkeit mit Tonbandkontrolle. Er dient der Feststellung von Lücken, Gedankensprüngen, Formulierungsschwierigkeiten, Wortwiederholungen, Schwächen der Syntax und Mängeln in der Diktion. Fehler anhand des Tonbandprotokolls im Stichwortzettel anmerken.

7. Korrigieren Sie die auftretenden Fehler!
8. Einsatz von Medien und Präsentationsschriften (z. B. Tageslichtfolien, Dias, Tafelanschriften, Tabellen, Grafiken) einplanen und im Stichwortzettel vermerken.
9. Endgültigen Stichwortzettel aufstellen und mit Karteikartensammlung und Medienzettel koordinieren.
10. Zweiter Sprechversuch (ggf. weitere) auf Tonband oder vor Familienangehörigen/Freunden und weitere Korrekturen.

Für den wenig geübten Redner ist es oft notwendig, die Sequenz 6–10 mehrfach in Zeitabständen zu wiederholen, um Sicherheit zu erlangen. Deshalb sind für die Planung ausreichende Zeitreserven vorzusehen.

**Beispiele für Stichwortzettel**

Wie ein Stichwortzettel aussehen könnte, zeigt Ihnen das aus dem folgenden Text „Die Aufgaben der Verbände..." erstellte Muster in Form einer abgetreppten Sinnschrittfolge. Man kann Stichwortzettel auch in Form eines Gedankenflußplanes anlegen (vgl. Kap. 10.4)

---

### IV. Die Aufgaben der Verbände im öffentlichen Leben

**1. Totalitäres und demokratisches Funktionsverständnis**

Die Funktionen der Verbände lassen sich nur bestimmen aus den Strukturen und Gesetzlichkeiten der Herrschafts- und Gesellschaftsordnung, in deren Rahmen sie wirken. In totalitären Staaten mit ihrem starken Bedürfnis nach absoluter Vereinheitlichung weist die herrschende Schicht den Verbänden die Rolle zu, als „Transmissionsriemen" (Lenin) am Gleichschaltungsprozeß mitzuwirken, das heißt ihre politischen Absichten und Leitlinien der Gesellschaft zu vermitteln und einzupflanzen. In unserer parlamentarisch-demokratischen Ordnung vollzieht sich dagegen der politische Entscheidungsprozeß, der die Gesellschaft gestaltet und verändert, in einem „offenen Stromkreis der Macht" (Loewenstein), auf der Basis eines Willensbildungsvorgangs, in dem die vielfältigen Meinungs- und Interessengegensätze der pluralistisch strukturierten Gesellschaft, des politischen, wirtschaftlichen und sozialen Lebens in einem von rationalen Spielregeln beherrschten Konkurrenzkampf sich darstellen und zum Austrag kommen. Dieser demokratische Prozeß definiert die Aufgabe der Interessenorganisationen, die im folgenden katalogartig genannt werden sollen.

**2. Verbandsfunktionen im demokratischen Regierungssystem**

• Interessenverbände leiten „den Prozeß der öffentlichen Meinungsbildung darüber ein, welche Interessen überhaupt politische Berücksichtigung finden können und sollen" (Francis), d. h. sie leisten die Aufgabe der Interessenartikulation in einer stark differenzierten Gesellschaft.

• Interessenverbände wirken als Kommunikationskanäle, welche gesellschaftliche Interessen und Forderungen in das politische System leiten, in dem gesellschaftsgestaltende Entscheidungen getroffen werden. Anders ausgedrückt: Die wesentlichste Aufgabe von Interessenverbänden besteht in der Einflußnahme auf Amtsträger, die Entscheidungen treffen können. Einflußnahme ist immer dann erforderlich, wenn eine Gruppe nicht in der Lage ist, die von ihr gewünschte Entscheidung selber zu treffen, weil die Kompetenz für die Entscheidungsfällung bei einer anderen Institution liegt.

Durch Sachberatung und Informationsvermittlung tragen die Interessenverbände zur Richtigkeit und Akzeptierbarkeit politischer Entscheidungen bei, erleichtern sie das Bemühen, staatliche Normsetzung an gesellschaftlichen Realitäten und Notwendigkeiten auszurichten. Wenn etwa Landesregierung und Landesparlament eines Bundeslandes ein neues Schulverwaltungsgesetz planen, werden sie sich dabei auch an den Wünschen und Interessenlagen der davon Betroffenen (Lehrer, Eltern, Schüler usw.) orientieren, weil nur bei breitem Einverständnis die gesetzliche Norm dauerhaft respektiert wird.

Politische Entscheidungen in einem demokratisch verfaßten Gemeinwesen kommen im allgemeinen zustande in einem komplizierten Willensbildungsprozeß, bei dem die Beteiligten auch zum Kompromiß und Interessenausgleich bereits sein müssen, weil ihre Forderungen auf Gegenpositionen stoßen. Wo die gesellschaftlichen Organisationen den pragmatischen Ausgleich verwerfen, wo sie starr auf ideologische Positionen und partielle Interessen fixiert sind, können Entscheidungen nicht mehr gefällt oder nur noch in Form gewaltsamer Lösungen getroffen werden. Aus diesem Lebensgesetz der Demokratie ergeben sich weitere Verbandsfunktionen.

• Interessenverbände sollen die politische Entscheidungsfindung erleichtern, indem sie Interessen aggregieren und ausgleichen, sei es im Rahmen einer gesellschaftlichen Gruppe, sei es zwischen verschiedenen Gruppen. Der Bundesverband der Deutschen Industrie (BDI) zum Beispiel kann nur dann seine Forderungen kollektiv und wirksam darstellen, wenn er zuerst den Kompromiß zwischen den in ihm vertretenen Fachverbänden geleistet hat: so gibt es etwa bei der Alternative „Schutzzoll oder Freihandel" Interessengegensätze zwischen Rohstoffproduzenten und Verarbeitern, in der Frage „Aufwertung oder Abwertung" Gegensätze zwischen export- und importintensiven Branchen, im Bereich der Energiepolitik Differenzen zwischen Kohle und Erdöl.

Die Tarifpartner, also die Arbeitgeberverbände und die Gewerkschaften, müssen eigenständig für beide Seiten akzeptable Kompromisse finden, wenn sie die ihnen auf dem Gebiet der Lohntarife, Arbeitsbedingungen und sozialen Selbstverwaltung anvertrauten öffentlichen Aufgaben erfüllen wollen; das Funktionieren unserer soziopolitischen Ordnung hängt weitgehend davon ab, daß die organisierten Interessen sich miteinander verständigen, ohne staatlichen Institutionen die letzten Entscheidungen zuzumuten.

• Interessenverbände nehmen auch sozialpädagogische und mitgliedsfördernde Funktionen wahr.

Verbandsleitungen bemühen sich, radikale Forderungen einzelner Mitglieder zu entschärfen. Sie bringen staatliche Maßnahmen durch Belehrung (Publikationen, Tagungen etc.) den Mitgliedern nahe (man denke etwa an die im Zeichen der Vollendung der EWG sich rasch ändernden Außenhandelsbestimmungen). Sie suchen durch Beobachtung des Marktes neue Entwicklungen rechtzeitig zu erkennen und informieren die Mitglieder darüber. Sie lassen den Mitgliedern betriebswirtschaftliche, handelsrechtliche und technische Beratung angedeihen und unterhalten ein umfangreiches Ausbildungs- und Fortbildungswesen.

### 3. Interessenverband und politische Partei

Zusammenfassend kann man sagen, daß Interessenverbände die *gesellschaftlichen Teilinteressen zur Geltung bringen* sollen. Dies erscheint einem Politikverständnis legitim, dem der Staat nicht Selbstzweck, vielmehr Institution zur Erfüllung der von der Gesellschaft gesetzten Zwecke ist. Von dieser Feststellung her läßt sich auch die Trennungslinie ziehen zu der *politischen Partei*, die im Gegensatz zum Interessenverband an die Allgemeinheit appelliert, sich potentiell mit allen Angelegenheiten des Staates befaßt, ein universelles Interesse bezeugt eine politische Gesamtverantwortung, legitimen Besitz oder Beteiligung an der direkten Machtausübung im Staat anstrebt.

Der umfangreiche Katalog von Aufgaben wirft die Frage auf, mit welchen rechtlichen Möglichkeiten die Interessenorganisationen ihre Verwirklichung anstreben und wie dies in der politischen Wirklichkeit vor sich geht."

Entnommen aus: Informationen zur politischen Bildung, Heft 145, Neudruck 1974, S. 7–8

## Die Aufgaben der Verbände im öffentlichen Leben (Stichwortzettel)

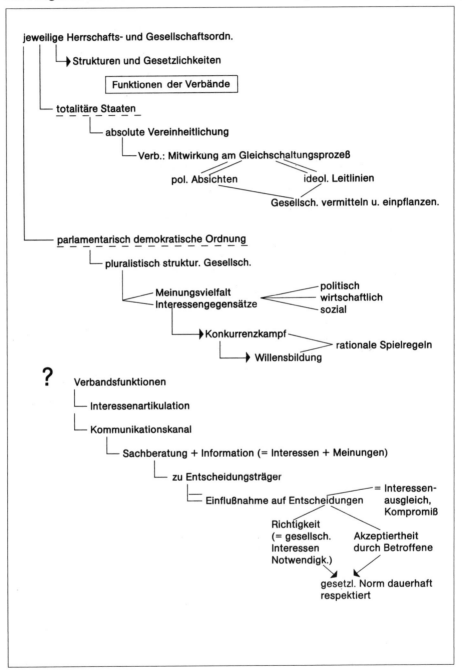

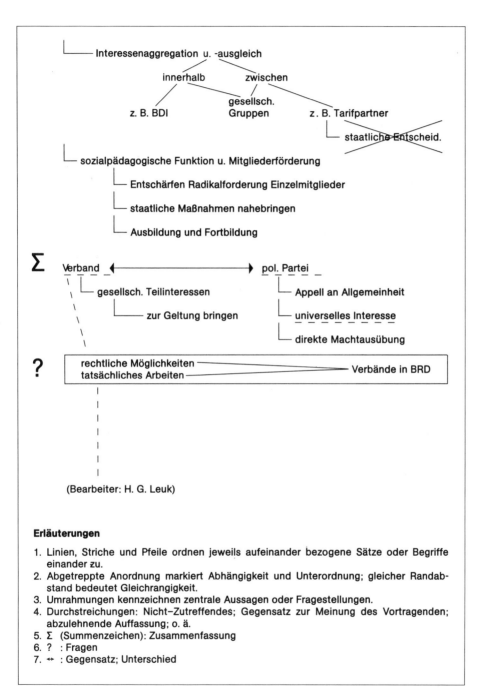

(Bearbeiter: H. G. Leuk)

**Erläuterungen**

1. Linien, Striche und Pfeile ordnen jeweils aufeinander bezogene Sätze oder Begriffe einander zu.
2. Abgetreppte Anordnung markiert Abhängigkeit und Unterordnung; gleicher Randabstand bedeutet Gleichrangigkeit.
3. Umrahmungen kennzeichnen zentrale Aussagen oder Fragestellungen.
4. Durchstreichungen: Nicht-Zutreffendes; Gegensatz zur Meinung des Vortragenden; abzulehnende Auffassung; o. ä.
5. Σ (Summenzeichen): Zusammenfassung
6. ? : Fragen
7. ↔ : Gegensatz; Unterschied

## AUFGABE 17 ▶ Stichwortzettel anlegen

Erstellen Sie zu einem Zeitungs- oder Zeitschriftenartikel einen Stichwortzettel in Form einer abgetreppten Sinnschrittfolge!

## 9.3 Selbstgestaltete Folien

Zu Besprechungen, Referaten und Vorlesungen haben sich Folien als Präsentationsmedien weitgehend durchgesetzt. Das hängt unter anderem damit zusammen, daß sich unser Lernverhalten geändert hat. Waren früher Texte die wesentliche Informationsquelle, sind es heute audiovisuelle Medien. Die mit Comics und Fernsehen großgewordenen Zuhörer sind heute audiovisuell orientiert. Sie wollen weniger lesen als hören und vor allem sehen. Diesen veränderten Bedürfnissen kann man auch im wissenschaftlichen Bereich entgegenkommen, indem man Vorträge durch visuelle Hilfsmittel optisch aufbereitet.

Da es nicht ausreicht, irgendwelche Folien zu präsentieren, z. B. aus Büchern kopierte Seiten auf Folien zu übertragen, müssen Gestaltung und Einsatz dieser modernen Medien überlegt geplant werden. Darüber hinaus muß man die marktüblichen technischen Arbeitsmittel kennen.

**Arbeitsmittel**

Projektoren und Folien

Es gibt festinstallierte und tragbare Projektoren mit den Formaten 250 × 250 und 285 × 285 mm. Weil aber die Folien das Format DIN A4 – 210 × 297 mm –

haben, muß bei der Foliengestaltung die Projektionsfläche des Projektors berücksichtig werden.

Beachte: Da das Format DIN A4 geringfügig höher als 285 mm ist, sollten die Ränder nicht beschriftet werden. An den Schmalseiten der DIN-A4-Folien stören die hellen Streifen bei der Präsentation, die durch das quadratische Format der Projektfläche bedingt sind. Man kann diese Streifen mit handelsüblichen oder selbsterstellten Folienrahmen aus Karton oder nicht durchscheinender Kunststoffolie abdecken.

Der Handel bietet auch Folien mit klappbarem Kartonrand an, der sich vorzüglich für die Aufnahme von Redenotizen eignet. Vor allem bei der Präsentation im Querformat muß die beschriftete Folienfläche den Möglichkeiten des Projektors angepaßt werden. Außer den verbreiteten handelsüblichen DIN-A4-Folien werden Folien von 260 × 260 mm angeboten, die allerdings den Nachteil haben, daß sie nicht in den üblichen Aktenordnern aufbewahrt und auf DIN-A4-Projektionsflächen nicht voll wiedergegeben werden können. Folien werden in unterschiedlichen Stärken als Einzelblätter und auf Rollen angeboten. Für den wiederholten Gebrauch empfehlen sich stärkere Formate.

Beschriftungsmaterial

Folien werden mit speziellen Stiften beschriftet. Sie stehen in mehreren Farben zur Verfügung und sind wasserlöslich oder wasserfest. Wasserfeste Stifte verwendet man dann, wenn eine Folie mehrfach präsentiert werden soll. Mit wasserlöslichen Schriften arbeitet man dann, wenn notwendige Ergänzungen (Unterstreichungen, Handskizzen) während des Referates auf der Folie angebracht werden. Sie lassen sich später leicht wieder entfernen, und die Folien können in ihrer ursprünglichen Gestaltung wiederverwendet werden. Bei der Arbeit mit den Farben Gelb, Orange, Braun ist zu beachten, daß diese auf der Projektionswand schlecht leserlich sind. Verwenden Sie deshalb kräftig deckende Farben.

Korrekturmittel

Für die Korrektur von Beschriftungen mit wasserlöslichen Stiften genügt ein mit Wasser leicht angefeuchtetes Tuch oder ein befeuchtetes Wattestäbchen. Die korrigierten Folien müssen trocken sein, damit sie wieder überschrieben werden können. Zur Korrektur wasserfester Stifte werden flüssige Korrekturmittel und Korrekturstifte angeboten. Beschriftete Folien werden einzeln in Klarsichtfolien, unterlegt von einem weißen Blatt, in Ordnern abgeheftet.

**Gestaltung von Folien**

Für die Gestaltung von Folien gibt es verschiedene Herstellungsarten:
- Gedruckte Folien werden über spezielle Drucker, auch Farbdrucker, nach einer Vorlage erstellt. Dieses teure und aufwendige Verfahren ist nur dann ge-

rechtfertigt, wenn die Folien häufig benutzt, professionell eingesetzt werden und eine hohe Druckqualität erforderlich ist.

- Kopierte Folien werden von übernommenen Vorlagen angefertigt. Bei diesem Verfahren muß stets geprüft werden, ob sich die Vorlage tatsächlich für eine Folienpräsentation eignet.
- Selbsterstellte Folien werden eigenhändig beschriftet und gestaltet.

**Allgemeine Regeln zur Gestaltung von Folien**

Schüler und Studenten gestalten Folien im Normalfall eigenhändig. Diese Art von Folien bietet die meisten Gestaltungsmöglichkeiten. Dabei sind aber bestimmte **Grundsätze** zu beachten, da Folien zur Visualisierung von Referaten eingesetzt werden:
- Folien müssen logisch aufgebaut sein und den Aufbau des Referats spiegeln.
- Folien müssen übersichtlich und auf das Wesentliche beschränkt sein.
- Folien müssen leserlich und interessant sein.

Um diese Grundsätze einzulösen, geben wir **Tips** zur Herstellung von Folien:
- Überlegen Sie, ob das Querformat nicht geeigneter ist als das übliche Hochformat. Zwar sind schriftliche Unterlagen meistens im Hochformat, aber sie müssen deshalb noch keine guten Folienformate sein. Querformate haben als Vorteile: bessere Nutzung der Projektorfläche, besonders bei niedrigen Räumen, augenfreudliches Format, gewohnte Augenführung von links nach rechts. Denken Sie bei der Folienerstellung an den Rand!
- Lesbarkeit: Folien müssen auch von Zuhörern in der letzten Reihe gelesen werden können. Die Schriftgröße darf nicht kleiner als 5 mm sein. Deshalb ist die normale Schriftgröße ungeeignet für Folientexte. Der PC bietet in dieser Hinsicht sehr große Gestaltungsmöglichkeiten. Dicke Stifte bewirken bessere Lesbarkeit, deshalb sollen Folienschreiber der Größe m = mittel (0,6–0,9 mm) gewählt werden. Wenn Sie maschinenschriftliche Vorlagen verwenden wollen, verwenden Sie DIN-A6-Formate und vergrößern Sie die Vorlage auf DIN A4!
- Farben wirken als Gestaltungselemente lebendig und ordnend. Gut lesbare Folienfarben sind Schwarz, Rot, Grün und Violett. Gelb, Orange und Braun wirken dagegen eher blaß. Die Anlage von Flächen mit Farben ist von Hand nicht sauber durchführbar. Deshalb sollte man sich auf die Konturen, die mit dickem Folienschreiber nachgezeichnet werden, beschränken oder Farbklebfolien verwenden. Wenn Sie Schreibmaschinenvorlagen verwenden, sollten Sie diese durch Farbe auflockern. Farben sollten sparsam und gezielt eingesetzt werden, d.h. nicht mehr als drei Farben pro Folie. Diese sollten

möglichst hierarchisch und immer in der gleichen Bedeutung verwendet werden.
- Nur <u>ein Thema</u> je Folie behandeln.
- Nur <u>wenige Informationen</u> je Folie bringen, 6–8 Zeilen pro Folie und nicht mehr als etwa 6 Wörter je Zeile.
- Texte <u>kurz, treffend und ausreichend</u> formulieren.
- Folien <u>übersichtlich</u> gestalten:
  - Jede Folie muß mit einer Überschrift versehen werden. Bei mehreren Folien zum gleichen Thema müssen diese durch gemeinsame Titel an gleicher Stelle, in gleicher Schrift und Schriftgröße bzw. Farben gekennzeichnet werden.
  - Texte und Bilder einander richtig zuordnen.
  - Texte, Bilder und freie Folien ausgewogen zusammenstellen.
  - Gleiches gleich darstellen.
  - Texte durch Bilder und Motive ergänzen.
- Folien <u>anschaulich</u> und interessant gestalten. Bilder auf Folien können unterschiedliche Funktionen haben. Bilder veranschaulichen Texte, erwecken Aufmerksamkeit und wirken lebendiger und anschaulicher als das gedruckte Wort.

Zu einem Vortrag über das Thema „Die soziale Situation der Studenten heute" verwendet der Autor als Aufmacher die beiden folgenden Foliendarstellungen (S. 126/127). Die Bildelemente wurden aus einer Motivdatei einer Standardsoftware zusammengestellt.

# Der "arme" Student !

# ODER?

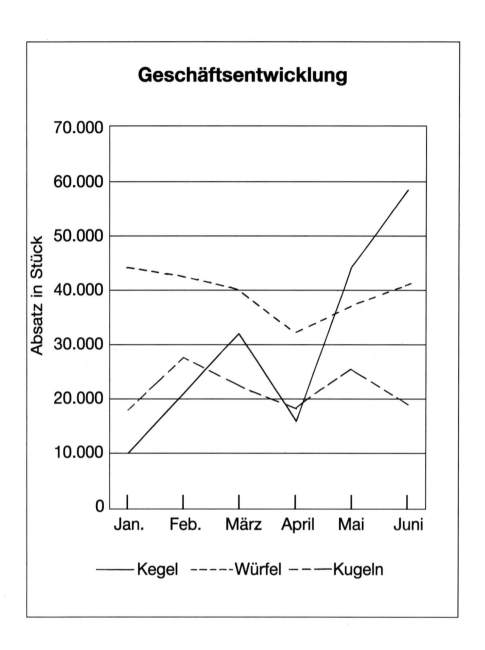

aus: Emil Hierhold: Sicher präsentieren – wirksamer vortragen.
Wien (Ueberreuter) 1990, S. 133

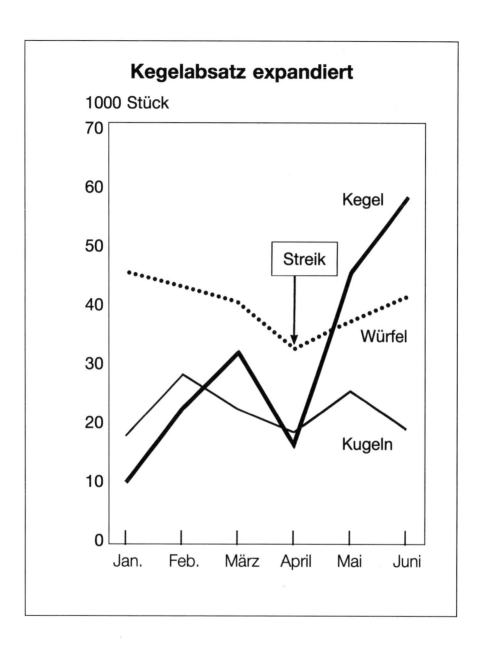

**AUFGABE 18**  *Folien vergleichen*

Wer findet die sieben „kleinen" Fehler?
Vergleichen Sie die beiden Foliendarstellungen (S. 128 u. S. 129) und listen Sie die Fehler der linken Darstellung auf!

**AUFGABE 19**  *Folien gestalten*

Gestalten Sie ein bis zwei Folien mit den 10 Regeln zur Vorbereitung des mündlichen Referats (vgl. Kap. 9.2, S. 116/117)!

# 10 Prüfungen ohne Streß

Es liegt im Wesen von Prüfungen, Nervosität und Aufregungen zu verursachen. Nur ganz wenige behaupten von sich, „Prüfungstypen" zu sein, doch bei genauerem Hinsehen gibt es keinen, der nicht mit einer gewissen Nervosität in eine Prüfung geht. Und das ist auch nicht schlecht, denn ein mittleres Maß an Motivation, die sich in einer gewissen Anspannung äußert, aktiviert Reserven, die der Vorbereitung und auch dem Prüfungsergebnis zugute kommen.

Extreme Prüfungsangst ist natürlich ein psychologisches oder gar pathologisches Phänomen, das der psychotherapeutischen Behandlung bedarf. Menschen, die sich überfordert fühlen oder deren Selbstwertgefühl sich infolge innerer oder äußerer Ursachen nicht genügend entfalten kann, reagieren in dieser extremen Form nicht nur in der Schule und Universität, sondern auch im späteren Berufsleben. Hier gilt es, die tieferen Ursachen aufzudecken und zu behandeln.

## 10.1 Formen, Zweck und Bedeutung von Prüfungen

Prüfungen begleiten als Leistungskontrollen und Leistungsbeurteilungen Ausbildung und Studium.
Die in der Schule gebräuchlichen Prüfungsformen sind:
- Klassenarbeiten/Kursarbeiten,
- Tests,
- Referate,
- Facharbeiten,
- mündliche Prüfungen,
- praktische Aufgaben.

Das **Abitur** nimmt unter den Schulprüfungen eine besondere Stellung ein, da es sich aus mehreren schriftlichen und mündlichen Prüfungsteilen zusammensetzt, umfangreiche Stoffgebiete geprüft werden, es einen Ausbildungsabschluß und einen wichtigen Qualifikationsnachweis für Studium und Berufsausbildung darstellt.

Typisch für das **Hochschulstudium** sind folgende Leistungskontrollen:

a. mündlich
- Referate,
- mündliche Mitarbeit in Lehrveranstaltungen,
- Einzelprüfungen,
- Gruppenprüfungen,

b. schriftlich
- Seminararbeiten,
- Protokolle,
- Papers,
- Versuchsprotokolle,
- Berichte,
- Klausuren,
- sonstige fachspezifische Leistungsnachweise (z. B. Präparate, Analysen, Konstruktionszeichnungen, Entwürfe).

Zweck und Bedeutung von Prüfungen lassen sich folgendermaßen charakterisieren: Prüfungen sind **Lernerfolgskontrollen**. Sie geben dem **Lehrer** Auskunft darüber, ob er die angestrebten Lernziele erreicht hat und den weiteren Unterricht auf die vermittelten Kenntnisse und Fachgebiete aufbauen kann. (Eine solche Lernerfolgskontrolle muß nicht benotet werden.)

Dem **Schüler** bietet die Lernerfolgskontrolle ein Signal, ob und wie gut er ein gesetztes Lernziel verwirklicht hat, mit der Möglichkeit
- der Selbstkontrolle,
- der Selbsteinordnung in das Leistungsniveau des Kurses,
- der Korrektur des Lernverhaltens und
- der Feststellung und Aufarbeitung von Lücken.

So wichtig und notwendig Prüfungen auch als Prognoseinstrumente und in ihrer Funktion, Auslesen zu treffen, sind und so schicksalsbestimmend sie auch für den einzelnen sein können, so sollte man dennoch Prüfungserfolge und -mißerfolge realistisch einschätzen. Ihr Wert relativiert sich, wenn man bedenkt, daß es absolut objektive Prüfungsergebnisse nicht gibt, diese vielmehr unter anderem auch abhängig sind vom Anforderungsprofil der einzelnen Hochschule, des Faches, des Dozenten, dessen Bewertungsmaßstäben, von der Prüfungsform und von subjektiven Faktoren. Selbst als Prognose für zukünftige Berufsleistungen haben Prüfungsnoten nur einen beschränkten Aussagewert. Einsicht in diese Zusammenhänge geben uns neuere Untersuchungen der Lernpsychologie.

Aber auch bei Berufsbewerbern sind die Examensnoten nur ein Kriterium unter mehreren, weil im Beruf oft Qualifikationen gefordert werden, die auf der Hochschule nicht vermittelt werden oder nicht vermittelt werden können (z.B. Führungseigenschaften, Teamfähigkeit, Risikofreudigkeit, Zuverlässigkeit, Flexibilität, Durchsetzungsvermögen).

Auch jeder Schüler hat schon die Erfahrung gemacht, wie sehr seine Leistungsfähigkeit vom gesamten Lernklima, vom Lehrer, von der Schulform, der Zusammensetzung der Klasse und häuslichen Bedingungen beeinflußt wird.

## 10.2 Planung von Prüfungen

### 10.2.1 Langfristige Prüfungsplanung

Wenn wir uns in diesem Kapitel mit der Planung und Organisation von Prüfungen beschäftigen, dann verstehen wir darunter mehr als nur eine kurzfristige intensive „Paukphase" vor einer Prüfung. Denn nicht diese kurzfristige Vorbereitung bestimmt wesentlich das Prüfungsergebnis, sondern
– aktives Lernen,
– sorgfältige Anlage, Sammlung und Ordnung von Unterlagen,
– regelmäßige Arbeit im Rahmen der Zeitplanung.

Das heißt z.B. für einen Schüler, der in der Regel zwei bis zweieinhalb Stunden für Hausaufgaben aufwendet, daß er durch Intensivierung vor Prüfungen diese Zeit höchstens um zwei Stunden erhöhen kann. Damit ist meistens die Aufnahmefähigkeit für neuen Lernstoff erschöpft. Deshalb besteht die Prüfungsvorbereitung im frühzeitigen Beginn und im rechtzeitigen Abschluß vor dem Prüfungstermin. Hier helfen nur Planung und Organisation, Fehleinschätzungen des Zeitbedarfs, Terminedruck und Streß zu vermeiden. Aber es kommt nicht nur auf die **aufgewandte Lernzeit** an, sondern auf die **richtige Auswahl** des prüfungsrelevanten Stoffes und auf die **Intensität und Qualität des Lernens**. Daraus folgt, daß man erst planen und lernen kann, wenn man weiß, was gelernt werden muß. Für die Schule geben darüber Auskunft:
– die Lehrer,
– die Prüfungsordnungen,
– Stoffpläne/curriculare Lehrpläne/Rahmenrichtlinien,
– „Einheitliche Prüfungsordnungen in der Abiturprüfung" für die einzelnen Fächer.

Die Anforderungen für Hochschulprüfungen erhält man durch:
– Prüfungsordnungen,
– Anforderungskataloge für Prüfungen,

- Themenlisten und Fragenkataloge,
- Erfahrungen von Kommilitonen,
- Prüfer,
- hochschulöffentliche Prüfungen.

Wichtig ist, daß man sich diese Auskünfte und Unterlagen **frühzeitig** besorgt. Die Amtsblätter der Kultusministerien, die in der Regel die Prüfungsordnungen enthalten, können in den Schulsekretariaten eingesehen, fotokopiert oder über den Buchhandel bezogen werden. Ähnliches gilt für viele Lehrpläne und die einheitlichen Prüfungsanforderungen in der Abiturprüfung (soweit diese in den Bundesländern berücksichtigt werden). Letztere enthalten für viele Fächer Abiturmusteraufgaben und Bewertungsrichtlinien. Darüber hinaus gibt es als weitere Informationsquellen Prüfungshinweise mehr inoffizieller und schulinterner Art:
- Angaben der Lehrer: Eingrenzung/Differenzierung des Prüfungsstoffes; Stoffgebiete besonderer Priorität;
- Hinweise über Prüfungsmodalitäten, Prüfungsstil und Ansprüche einzelner Prüfer;
- Auskünfte früherer Prüflinge.

Schließlich bieten die Verlage und der Buchhandel einschlägige Literatur zur Abiturvorbereitung an.

### 10.2.2 Mittelfristige Prüfungsplanung

Am Anfang einer gezielten Prüfungsvorbereitung sollte für jedes Fach eine **Bestandsaufnahme** stehen, die folgende Fragen zu beantworten sucht:
- Welche Anforderungen (Themenbereiche) werden gestellt?
- Welche dieser Anforderungen beherrsche ich vollständig?
- Welchen Anforderungen werde ich nur teilweise gerecht?
- Welche Anforderungen erfülle ich nicht?

Die Fragen – nach Fächern und Themenbereichen getrennt aufgestellt – ergeben das **Lern-Soll**, das mit der zur Verfügung stehenden Lernzeit abgestimmt werden muß (Soll/Zeit-Abstimmung).

Eine in dieser Weise vorgenommene Prüfungsplanung erfordert:
- rechtzeitigen Planungsbeginn,
- genaue Definition der geforderten Themenbereiche,
- ehrliche Diagnose des Kenntnisstandes,
- sorgfältige Zusammenstellung der benötigten Vorbereitungsunterlagen einschließlich der prüfungsrelevanten Kapitel und Seitenzahlen,

- realistische Zeitbedarfseinschätzungen (probeweise Zeitbedarf testen!),
- Übernahme des erforderlichen Zeitbedarfs (einschließlich der Zeitreserven) in die mittel- und kurzfristigen Zeitpläne.

Last, not least ist alle Planung sinnlos, wenn sie nicht in die Tat umgesetzt wird. In unserem Zusammenhang bedeutet das die Übernahme des Lernsolls und der dafür vorgesehenen Zeiten in die kurz-, mittel- und langfristigen Zeitpläne und deren genaue Beachtung.

In Formblatt 12 finden Sie ein Planungsschema zur Prüfungsvorbereitung.

### 10.2.3 Kurzfristige Prüfungsplanung

Trotz der vorgeschlagenen lang- und mittelfristigen Maßnahmen bleibt es in der Regel nicht aus, daß man in den Wochen vor dem Prüfungstermin die Anstrengungen **intensiviert**. Viele Prüfungskandidaten lassen sich in dieser Phase der Anspannung in eine **Streßsituation** treiben, die häufig zu einer Mißachtung bisher bereits praktizierter Arbeitstechniken führt. Konkret: Man schränkt den Schlaf ein, bricht Sozialkontakte ab, greift zu Aufputschmitteln, arbeitet zu lange und zu wenig planvoll. Weil die Bewältigung solcher Ausnahmesituationen stark von der Psyche des einzelnen abhängig ist, gibt es hier keine Patentrezepte, wohl aber begründete Erfahrungen.

Prüfungsablauf üben
Für die realistische Einschätzung einer Prüfungssituation, z.B. einer schriftlichen Prüfung, bieten sich **Aufgaben** an, die den gleichen Schwierigkeitsgrad und Umfang wie echte Prüfungsaufgaben haben. Diese Aufgaben sind mit den gleichen Hilfsmitteln und in dem gleichen Zeitraum, wie sie in der „Ernstsituation" zur Verfügung stehen, zu lösen. Es gibt im Grunde keine bessere Form der Übung als diese.

Bei der Einzelvorbereitung fehlt die Fremdbewertung. Ersatzweise kann aber eine **Arbeitsgruppe**, die sich gemeinsam auf Prüfungen vorbereitet, diese Aufgaben übernehmen, indem jedes Gruppenmitglied unter den oben angeführten Bedingungen Klausuren löst, das Team anschließend gemeinsam eine Art Musterlösung aus den Vorbereitungsunterlagen erarbeitet und die Klausuren gegenseitig bewertet.

Die Arbeitsgruppe übt so einen ‚heilsamen Zwang' auf die Mitglieder aus, sich an die ‚Spielregeln' zu halten, die eigenen Stärken und Schwächen zu erkennen und sich in die Klausurtechnik einzuüben. Nicht zuletzt ist die Technik der Klausurbearbeitung ein Stück allgemeiner Prüfungsvorbereitung.

**Tip:** Besorgen Sie sich Listen mit Aufgaben früherer Prüfungstermine! Erarbeiten Sie zu einzelnen Themen Modellösungen, Gliederungen, Gedankenflußpläne! Erfahrungsgemäß wiederholen sich Prüfungsthemen periodisch in gleicher oder ähnlicher Weise. Für mündliche Prüfungen sollte man versuchen, sich in die **Rolle des Prüfers** hineinzuversetzen. Dieser formuliert aus dem dargebotenen Stoff Fragen, und diesen Arbeitsschritt muß man in die Prüfungsvorbereitung hineinnehmen, d. h., man sollte versuchen, den Lernstoff in Fragen umzuformulieren und zu beantworten. Hierfür bieten sich drei Techniken an:
- die Drei-Schritt-Methode (vgl. Kap. 7.1),
- die Lernkartei und
- Teamarbeit, bei der die Teammitglieder wechselseitig die Rolle des Prüfers übernehmen. Die letztgenannte Technik ist besonders wirkungsvoll, da sie der realen Prüfungssituation am nächsten kommt.

Lernstoff strukturieren und lernen

Da mündliche Prüfungen zu einem wesentlichen Teil aus der Abfrage von erlernten Einzelkenntnissen und deren Zusammenhang bestehen, ist es zweckmäßig, den Lernstoff zu strukturieren. Man bringt ihn dabei in übersichtliche und sinnvolle **Zusammenhänge** und macht ihn damit lern- und merkfähig:
- Stoffgliederungen,
- graphische Darstellungen,
- Strukturskizzen,
- Gedankenflußpläne (vgl. Gedankenflußplan am Ende dieses Kapitels),
- optische Aufbereitung durch Markierungen,
- Übernahme auf Tonbänder und wiederholtes Abhören.

Vorbereitungsgebiete wechseln

Weil intensives Auswendiglernen schnell ermüdet, sollte man die Stoffgebiete häufiger wechseln.

Normales Leben führen

Auch eine normale Lebensführung, die keinen grundsätzlichen Wechsel im Lebensrhythmus anzielt, d. h. Beachtung der normalen Schlafenszeit, Essensgewohnheiten, Arbeitsphasen und Pausen, hilft, Überforderungen und Nervosität zu vermeiden. Eine Gewaltkur mit einem 16-Stunden-Tag kann der Umgebung zwar imponieren, ist aber sinnlos, da jeder Mensch nur eine begrenzte Lernkapazität hat.

Zeit für Gesamtwiederholungen einplanen

Am Ende einer großen Prüfungsvorbereitung sollte unbedingt eine Gesamtwiederholung stehen, die der **Zusammenschau** der gelernten Einzelstoffe dient. Sie sollte spätestens einen Tag vor der Prüfung beendet sein. Der letzte Tag vor

dem Prüfungstermin dient ausschließlich der **Entspannung**. Kurzfristig vor einer Prüfung angelesenes Wissen wird nicht mehr mit den vorhandenen Kenntnissen verknüpft und stört darüber hinaus als Überlagerung das Hervorholen gelernter Kenntnisse während der Prüfung.
Dieses abrupte Abbrechen in einer Phase hoher Motivation und Konzentration erfordert zwar eine Willensanstrengung, ist aber lernpsychologisch ratsam.

Abschließend sei nochmals betont, daß die Qualität der Prüfungsvorbereitung wesentlich davon abhängig ist, wie realistisch geplant und in welchem Maße der Vorbereitungsplan konkretisiert und als verbindlich betrachtet wird. Man unterschätze nicht den motivationspsychologischen Wert, den eine stufenweise **Planerfüllung** als Ansporn und zur Minderung der Prüfungsängste hat. Denn das Gefühl, hinreichend und planvoll gearbeitet zu haben, vermittelt Selbstbewußtsein und Sicherheit.

## 10.3 Prüfungsverhalten

### 10.3.1 Schriftliche Prüfungen

Für die Arbeit in Klausuren gibt es einige erprobte **Regeln**:
- Sorgfältig Themenstellung, Fragen und mögliche Hilfen beachten.
- Schwierigkeitsgrad der Aufgaben/Themen und gegebenenfalls Bewertungsschlüssel prüfen.
- Zeit entsprechend dem Umfang und Schwierigkeitsgrad der Aufgaben planen.
- Eine Aufgabe, die nur 10% der Gesamtwertung ausmacht, sollte auch nicht mehr als 10% der verfügbaren Zeit in Anspruch nehmen.
- Nach Möglichkeit die Aufgaben in der Reihenfolge lösen, wie man sie am besten kann.
- Falls notwendig, nach einer Aufgabe ausreichend Platz für spätere Hinzufügungen lassen.
- Aufgaben- und Themenstellungen im Auge behalten.
- Erleichtern Sie dem Korrektor die Durchsicht durch Gliederung, Kapiteleinteilung und -überschriften, methodische Hinweise, Unterstreichungen, logischen Aufbau und Abfolge der Gedanken, und verwenden Sie die fachübliche Darstellungsform und eingeführte Fachterminologie!
- Verwenden Sie auch in Klausuren die Methoden schriftlicher Darstellungsformen: Stoffsammlung – Stoffgliederung – Stoffverarbeitung.
- Bei Klausuren mit mehreren Aufgaben empfiehlt es sich, erst leichtere Aufgaben zu lösen. Dies schafft Erfolgserlebnisse, dämpft Nervosität und weckt

Selbstvertrauen. Bei scheinbar unüberwindlichen Schwierigkeiten zu anderen Aufgaben übergehen, aber Lücken lassen, die später auszufüllen sind.
- Prüfung durchstehen und die zur Verfügung stehende Zeit voll nutzen. Oft fallen einem fehlende Details und Lösungsmöglichkeiten plötzlich ein. Zeit einplanen für die Schlußkorrektur (Rechtschreibung, Zeichensetzung, Unterstreichungen, Kapitelkennzeichnung und sonstige Formalien).

### 10.3.2 Mündliche Prüfungen

Mündlichen Prüfungen muß sich der Schüler im normalen Schulalltag in den verschiedenen Fächern laufend unterziehen. Infolge der Häufigkeit solcher Prüfungen sind diese gewohnt, und die Situation ist für den Schüler durchschaubar.
Eine Sonderstellung nimmt in der Schule die **Abiturprüfung** ein, deren mündlicher Teil sich von vielen anderen Prüfungen dadurch unterscheidet, daß sie häufig vor einem größeren Zuhörerkreis über relativ umfangreiche Stoffgebiete stattfindet.
Trotz dieser zunächst als Erschwerung erscheinenden Umstände kann diese Prüfung an Schrecken verlieren, wenn man bedenkt, daß der Prüfling Eigenarten, Vorlieben und Fragestellung des prüfenden Lehrers aus jahrelanger Erfahrung abzuschätzen weiß. Hilfreich kann auch die Einsicht sein, daß der Prüfer selbst sich gegenüber seinen Fachkollegen bzw. Vorgesetzten in einer prüfungsähnlichen Situation befindet. Dagegen trifft der Student meistens auf kleinere und häufig auch anonyme Prüfungsgremien, wodurch sich die nicht kalkulierbaren Faktoren erhöhen.
Ähnlich wie in schriftlichen Prüfungen gilt es, auch in mündlichen Prüfungen einen Teil der Risiken kalkulierbar zu machen. Dazu ist es notwendig, Informationen über Prüfungsstil und Prüfungsablauf einzuholen, soweit dieses möglich ist.
Dies ist um so mehr notwendig, als von Prüfungserfahrungen bei kleineren studienbegleitenden Prüfungen (in Praktika, Übungen, Seminaren) nicht ohne weiteres auf größere Studienabschlußprüfungen geschlossen werden kann.
Welche Informationsmöglichkeiten bieten sich dem Kandidaten an? Erste Informationsquelle ist ein **Gespräch mit dem Prüfer**.
Ein solches Gespräch ist durch die Prüfungsordnung in vielen Fällen vorgeschrieben, wenn individuelle Spezialgebiete festzulegen sind. Diese Gesprächsmöglichkeit sollte vom Prüfling optimal genutzt werden. Das heißt: Es ist anzuraten, sich vorher mit der Prüfungsordnung vertraut zu machen, damit man Kenntnisse zum gewünschten Prüfungsgegenstand mitbringen kann. Dies eröffnet die Möglichkeit, die Prüfungsgebiete präzise abzugrenzen, Schwierigkeiten zu erörtern und prüfungsrelevante Literatur abzuklären.

Zweite Informationsquelle sind **hochschulöffentliche Prüfungen**. Seit langem ist es in manchen Fachbereichen üblich, daß mündliche Abschlußprüfungen hochschulöffentlich durchgeführt werden. Die Teilnahme an solchen Prüfungen sollte ein wichtiger Bestandteil der Prüfungsvorbereitung sein. Wenn man frühzeitig (1–2 Semester vor der eigenen Prüfung) mit dem Besuch solcher Prüfungen beginnt, liegt der Nutzen für das eigene Examen in folgendem:
– Die Prüfungssituation wird vertrauter.
– Der Prüfungsstil und Art der Prüfungsanforderungen (ob mehr Faktenwissen, Problemkenntnisse, Methodenwissen, Spezialkenntnisse oder überblicksartige Kenntnisse) werden transparenter.
– Prüfungsängste werden reduziert.
– Über längere Zeit notierte Prüfungsfragen lassen Prüfungsschwerpunkte erkennen. Um möglichst viele Prüfungen auswerten zu können, empfiehlt sich Arbeitsteilung (Teamarbeit).
– Die Erfahrungen aus der passiven Teilnahme an solchen Prüfungen können die eigene Entscheidung für einen Prüfer oder für bestimmte Spezialgebiete beeinflussen. Grundsätzlich sollte die Wahl der Prüfer nach sachlichen Gesichtspunkten vorgenommen werden. Je mehr eigene Studienschwerpunkte und Arbeitsgebiete des Prüfers übereinstimmen, um so eher sind ergiebige und für beide Seiten befriedigende Prüfungsgespräche zu erwarten.

Dritte Informationsquelle sind natürlich **geprüfte Kandidaten**. Auch können Kommilitonen nach ihrer Prüfung geeignete Hinweise geben. Dabei ist jedoch eine gewisse Vorsicht am Platze, weil diese Aussagen von der Prüfungsleistung und von subjektiven Eindrücken bestimmt sein können. Zumindest kann man aber die Prüfungsgegenstände erfahren. Je zahlreicher die Informationen sind, um so genauer wird das Bild.


**Verhalten in der Prüfung**

Sicher werden Verlauf und Ausgang der Prüfung wesentlich von der Qualität und dem Umfang der Kenntnisse und von der individuellen Kommunikationsfähigkeit des Prüflings, aber auch von Persönlichkeitsmerkmalen der Prüfer und des Kandidaten abhängig sein.
Obwohl diese persönlichkeits- und situationsabhängigen Faktoren nicht verallgemeinerungsfähig sind, wird man dennoch einige **allgemeine Hinweise** für das Verhalten in mündlichen Prüfungen geben können. In Anlehnung an Walter F. Kugemann geben wir Ihnen folgende Verhaltensregeln (Kugemann 1989).

Denken Sie laut!
Die mündliche Prüfung ist ein Gespräch. Die Unterhaltung stirbt, wenn man glaubt, nur fertige Ergebnisse vortragen zu dürfen. Wichtig ist, dem Prüfer Gele-

genheit zu geben, zu erkennen, wie man zu Resultaten kommt. Besonders bei Fragen, die sich auf vereinbarte Spezialgebiete beziehen, ergibt sich oft die Möglichkeit zu ‚Kurzreferaten'. Die Chance wird vertan, wenn nicht schon bei der Vorberreitung eine Strukturierung dieser Vorbereitungsgebiete berücksichtigt wird.

Nur wenn der Gesprächsfluß läuft, kann der Prüfer korrigierend und lenkend eingreifen, sobald man auf Abwege oder in Sackgassen zu geraten droht. Die meisten Prüfer sind ja bereit, Hilfe zu geben, wenn man ihnen Möglichkeiten dazu bietet.

Beachten Sie die Fragestellung und reagieren Sie!
Der Prüfer erwartet eine Reaktion auf seine Frage. Geben Sie zu erkennen, ob Sie die Frage gehört und verstanden haben, z. B. durch Wiederholung oder Formulierung der Aufgabe mit eigenen Worten. Mit dieser wiederholenden Formulierung kann man testen, ob die Richtung des vorgestellten Lösungsweges stimmt, z. B.: „Meinen Sie Ihre Frage im Hinblick auf ...?", „Wollen Sie von mir hören, was ...?" Verunsichern Sie nicht den Prüfer durch beharrliches Schweigen!

Nicht gleich resignieren!
Wer alles auf Anhieb weiß, erhält eine sehr gute Note; zwischen ‚bestanden' und ‚nicht bestanden' liegt aber eine Skala von weiteren drei Noten. Man soll deshalb nicht aufgeben, wenn man eine Frage nicht sogleich vollständig beantworten kann.

Jede Prüfung hat Teile, in denen man Fragen nur teilweise oder gar nicht zu beantworten weiß. Es empfiehlt sich dann, anstatt aufzugeben oder zu verstummen, Lücken offen einzugestehen, aber das zu äußern, was man weiß. Dazu eignen sich z. B. folgende Formulierungen: „Ich bin mir nicht sicher, aber ich glaube, es könnte ungefähr so sein, daß ...", oder „Mir fällt im Augenblick der Ausdruck nicht ein, aber es handelt sich um ...", und man versucht den Gegenstand mit anderen Worten zu umschreiben.

Beachten Sie die Reaktion des Prüfers!
Prüfer reagieren normalerweise auf falsche oder zutreffende Antworten mit Gesten, zustimmenden oder ablehnenden Gebärden. Diese Hilfen und Tips muß man beachten, da sie einem Hinweise geben, ob man auf der richtigen oder falschen Fährte ist. Auch hier gilt: Stummes Nachdenken provoziert keine Hilfen.

Denken Sie nicht zu kompliziert!
Verstellen Sie sich Lösungswege nicht durch zu kompliziertes Denken. Häufig wird viel Einfacheres und Näherliegendes gefragt, als man vermutet. Gerade zu Beginn einer Prüfung versuchen Prüfer durch einfache Fragen und im Rückgriff

auf Spezialgebiete dem Prüfling wohlwollend entgegenzukommen, um ihm Selbstvertrauen und Sicherheit zu geben.

Halten Sie mit Ihren Kenntnissen und Fähigkeiten nicht hinter dem Berg!
Bieten Sie dem Prüfer Gelegenheit, Sie über Themen zu prüfen, in denen Sie sich besonders sicher fühlen. Oft läßt sich der Prüfende durch geschickte „Lenkung" veranlassen, im Rahmen des Prüfungsgegenstandes auf Ihre Hinweise einzugehen. Ob er das tut, ist natürlich in sein Belieben gestellt, wie überhaupt eine solche Lenkung nur geschickt und zurückhaltend versucht werden sollte. Andererseits sind Prüfer gerade bei festgelaufenen Prüfungen dankbar, wenn Sie ihnen solche Hilfen anbieten.
Prüfungsnervosität ist normal und wird vom Prüfer akzeptiert. Prüfer sind auch Menschen, die Prüfungen hinter sich gebracht haben. Sie kennen feuchte Hände, leicht zitternde Knie und nervöse Gesten und haben für natürliche Nervosität Verständnis. Wie im Auto die Sicherheitsgurte nur Hilfen darstellen, gefährliche Situationen mit einiger Aussicht auf Überleben und begrenztem Risiko zu überstehen, und daher das vernünftige Fahrverhalten Voraussetzung für die Sicherheit des Autofahrers bleibt, so gilt für Prüfungen in analoger Weise, daß

eine solide Vorbereitung die beste Aussicht auf Prüfungserfolg gewährleistet. Sie schafft Selbstvertrauen, baut Ängste ab und hält die Nervosität in Grenzen. Eine realistische Einschätzung der ‚Fahrkünste', d.h. der Fähigkeiten und Kenntnisse und damit der erreichbaren Prüfungsergebnisse, baut Angst vor Versagen, Selbstüberschätzung und übersteigerte Erwartungen ab und stabilisiert Psyche und Nerven. Auf keinen Fall sollte man Prüfungen vorzeitig abbrechen, sondern durchstehen. Mißerfolge sind in der Regel durch Wiederholungen wettzumachen.

## 10.4 Gedankenflußplan

Um einen besseren Überblick über Inhalte und gedanklichen Aufbau eines Buches oder Buchkapitels zu erhalten, kann man einen Gedankenflußplan erstellen.
Dieser enthält die auf die wesentlichen Begriffe reduzierten Inhalte und die logische Struktur der Gedankenfolge. Dabei werden die Inhalte nach ihrer logischen Wertigkeit über-, unter- oder gleichgeordnet. Gleichzeitig soll die gedankliche Struktur in der formalen Anordnung augenfällig zum Ausdruck kommen. Ein solcher Gedankenflußplan ist hilfreich
– bei der Strukturierung von Mitschriften,
– bei der Prüfungsvorbereitung,
– bei der Vorbereitung eines mündlichen Referats und zur Erstellung von Folienvorlagen.

Der folgende Gedankenflußplan faßt den Inhalt des Kapitels 10 des vorliegenden Buches stichwortartig zusammen.

# Gedankenflußplan zu Kapitel 10

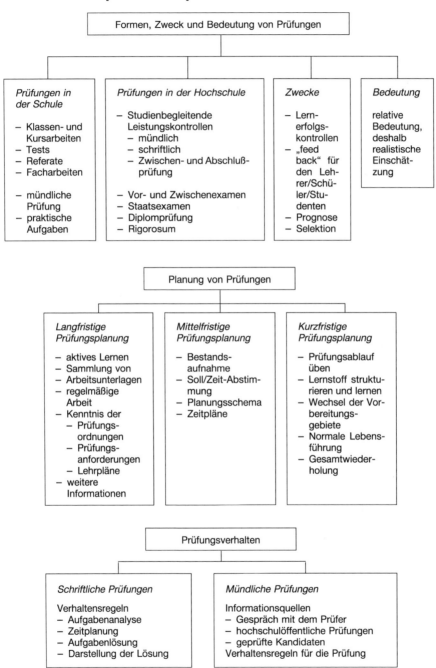

## ÜBUNG 7  Wiederholen mit einem Gedankenflußplan

Verfertigen Sie einen Gedankenflußplan zu einem Kapitel eines Lehrbuches oder einer Unterrichtsmitschrift, so daß er Ihnen zur Wiederholung oder Prüfungsvorbereitung dienen kann!

## AUFGABE 20  Gedankenflußplan erstellen

Erstellen Sie einen Gedankenflußplan zum Kapitel „Zeiteinteilung" dieses Buches und vergleichen Sie hierzu die Musterlösung im Lösungsheft.

# Verzeichnis der verwendeten und weiterführenden Literatur

Abi Berufswahlmagazin. Hrsg.: Bundesanstalt für Arbeit, Mannheim (Transmedia), 10 Hefte jährlich

Buboez, Georg und Fischer, H.: (Hrsg.) Arbeitshefte für Erziehungswissenschaft. Kurs 11/2: Lernen. Arbeitsheft und Lehrerkommentar, Berlin (Cornelsen) 1989

Bossung, Clemens: Zeitmanagement. Mehr leisten in weniger Zeit, München (Compact) 1991

Dröll, Dieter: Erfolgreich bewerben – wenn's schwierig ist. Bewerbungshilfe, Musterbriefe, Erfolgsratschläge, Frankfurt (Societäts-Verlag), 10. Aufl., 1989

Ebel, Hans F. und Bliefert, Claus: Das naturwissenschaftliche Manuskript. Ein Leitfaden für seine Gestaltung und Niederschrift, Weinheim (Verlag Chemie) 1982

Frankfurter Allgemeine Zeitung (Hrsg.): Kleiner Leitfaden für Stellensuchende. (Zu beziehen über: FAZ, Postfach, Frankfurt/Main)

Friedrich, Hans: Lebenslauf und Bewerbung, Niederhausen (Falken), 18. Aufl., 1991

Gölz, Gerhard und Simon, Peter: Besser lernen. Die wichtigsten Lern- und Arbeitstechniken 5.–7. Schuljahr, Berlin (Cornelsen) 1993

Hacker, Rupert: Bibliothekarisches Grundwissen, München (Saur), 6. völlig neu bearbeitete Aufl., 1992

Hasselborn, Martin (Hrsg.): Wirkungsvoller lernen und arbeiten, Heidelberg (Quelle und Mayer), 6. Aufl., 1988

Heidtmann, Frank: Wie finde ich bibliothekarische Literatur, Berlin (Berlin Verlag) 1986

Hierold, Emil: Sicher präsentieren – wirksamer vortragen. Wien (Ueberreuter) 1990

Hildebrand, Jens: Internet: Ratgeber für Lehrer. Köln (Aulis-Verlag Deubner) 1996

Hülshoff, Friedhelm und Kaldewey, Rüdiger: Training Rationeller lernen und arbeiten. Stuttgart (Klett), 10. Aufl., 1992

Hülshoff, Friedhelm und Kaldewey, Rüdiger: Mit Erfolg studieren. Studienorganisation und Arbeitstechniken, München, (Beck) 3. Aufl., 1993

Kugemann, Walter F.: Kopfarbeit mit Köpfchen, München (Pfeiffer), 15. Aufl., 1989

Leitner, Sebastian: So lernt man lernen, Freiburg-Basel-Wien (Herder), 21 Aufl., 1991

Metzig, Werner und Schuster, Martin: Lernen zu lernen – Anwendung, Begründung und Bewertung von Lernstrategien, Berlin (Springer) 1982

Müller, Matthias (Hrsg.): Online Datenbanken für Geistes- und Gesellschaftswissenschaften, Saarbrücken 1992 (Informationsabtlg. der Uni-Bibliothek Saarbrücken)

Musil, Robert: Der Mann ohne Eigenschaften, Reinbek (Rowohlt) 1952

Naef, Regula, D.: Rationeller lernen lernen. Weinheim und Basel (Beltz), 17. Aufl., 1992

Ott, Ernst: Der Konzentrationstrainer – ohne Konzentration keine Leistung, München (Lentz) 1990

Pippig, Günter: Gedächtnisentwicklung – Wie befähige ich meine Schüler zum Einprägen und Behalten? Neuwied und Darmstadt (Luchterhand) 1990

Poenicke, Klaus und Wadke-Repplinger, Ilse: Wie verfaßt man wissenschaftliche Arbeiten? Mannheim (Duden), TB 21, 2. Aufl., 1988

Rösner, Hans-Jürgen: Die Seminar- und Diplomarbeit – Eine Arbeitsanleitung, München (V. Florentz) 4. Aufl., 1987

Ruddies Günther H.: Nie mehr Prüfungsangst, München (Heyne), Kompaktwissen Nr. 125, 1982

Rückriem, Georg, Stary, Joachim und Frank, Norbert: Die Technik des wissenschaftlichen Arbeitens, Paderborn (Schöningh), 6. Aufl., 1990

Schardt, Friedel und Schardt, Bettina: Schroedel Praktikum Referat und Facharbeit. Erfolgreiche Arbeitstechniken, Hannover (Schroedel)

Schumann, Diethelm: Keine Angst vor dem Studienbeginn. Tips für die ersten Semester, Köln (Hayit), 4.Aufl., 1991

Seidenspinner, Gundolf und Gerlinde: Studienbeginn, Kleve (Boss), 16. Aufl., 1989

Siewert, Horst und Renate: Examen erfolgreich bestehen, Köln (Hayit), 2. Aufl., 1988

Siewert, Horst und Renate: Bewerben wie ein Profi, München (mvg) 7. Aufl., 1991

Standop, Ewald: Die Form der wissenschaftlichen Arbeit, Heidelberg (Quelle und Mayer), 13. Aufl., 1990

Stein, Susanne: Die richtige Bewerbung, Niederhausen (Falken) 1991

Stiftung Warentest (Hrsg.): Internet. Nichts leichter als das, Stuttgart 1997

Strittmatter, Peter: Schulangstreduktion. Abbau von Angst in schulischen Leistungssituationen. Neuwied und Darmstadt (Luchterhand) 1992

Studien- und Berufswahl. Entscheidungshilfen für Abiturienten und Absolventen der Fachhochschulen, hrsg. v. Bund-Länder-Kommission für Bildungsplanung und Forschungsförderung und Bundesanstalt für Arbeit, Bad Honnef (Bock), erscheint jährlich neu

Vester, Frederic: Denken, Lernen, Vergessen, München (dtv) Band 1327

Vollmer, Günter und Hoberg Gerrit: Top-Training Lernen – Behalten – Anwenden, Stuttgart (Klett) 1994

# Sachregister

Abbildungen 93
Abkürzungen 55, 93
Anmerkungen 102–103
Arbeits
– material 22–23
– phasen 13, 136
– plan 63, 103
– platz 20–21, 67
– zeit 11, 67
Aufnahmebogen 12, 13, 14
Aufwärmphase 63
Ausführungen 94
Auswertungsbogen 15
Autorenkartei 29, 31, 96

Bibliotheksbenutzung 71–72
Bibliothekskarteikarte 72

Checkliste 21, 23, 107, 135
Computer 32–38

Deckblatt 110
DIN-Formate 30

Einband 110
Einleitung 93
Exzerpte 85–86

Facharbeit 90
Folien 122 ff.
Formelkartei 29, 31
Fundstellenkartei 27, 28
Fußnoten 100–102

Gedankenflußplan 142–144
Gliederung 105–107
Gruppenarbeit 135

Handapparat 23–24

Hardware 34–36
Harvard-System 100
Hausaufgaben 62–67

Inhaltsverzeichnis 93, 112
Informationsquellen 68

Karteikarten 24–27
Karteisysteme 25–31
Konzentrations
– mängel 64, 65
– phase 66

Lehrsatzkartei 29, 31
Lernen
–, aktives 41–42
–, rezeptives 40–41
Lernphasen 13, 63
Lernprofil 44
Lesen 80–84
Lesephase 66
Literaturverzeichnis 95–97

Markieren 87–89
Materialkartei 27, 28
Materialsammlung 104–105
Mitschreibetechnik 48 ff.
Modern 38
Multimediabereich 38

Niederschrift 108–110
Notizen 54

Ordnungs- und Organisations-
 systeme 24–31, 50–52

Pausen 66–67
Protokoll 58–62
– Ergebnis- 60

– Sitzungs- 59
– Unterrichts- 60
– Verlaufs- 59–60
– Versuchs- 61–62
Prüfungen 131 ff.
Prüfungsablauf 135, 139–142
Prüfungsplanung 133–137

Referat 91, 113 ff.
Repetitionsphase 66

Sammelordner 25
Seminararbeit 90
Software 36–37
Stichwortzettel 117–122
Störfaktoren 64–65

Titelblatt 110–111

Überarbeitung 108–110

Vorbereitung 116
Vorwort 92

Wochenplan 17–19

Zeit
– aufnahme 11–15
– einteilung 11
– planung 8–11, 15–19, 103–104
– reserven 11, 13
Zentraleinheit 32, 33
Zitate 97–102
Zitierschemata 100
Zusammenfassung 95

# Klett LernTraining®

## Einfach bessere Noten

Die Reihen, die allen Bedürfnissen gerecht werden, im Überblick

1. Training – Nachhilfe aus dem Buch

2. Die kleinen Lerndrachen – Training für alle Grundschüler

3. PC-Kombi-Training – die Fitness-Programme: Kombination aus Lernbuch und Übungssoftware

4. Lektürehilfen – Durchblick bei der Lektüre

5. Abiturwissen – das geballte Wissen fürs Abi

6. Abi-Training – fit fürs Abi

7. PC-Kurswissen – pures Abi-Wissen aus dem Computer

**Klett LernTraining im Internet:**
www.klett-verlag.de/klett-lerntraining

**Das Lernhits-Gesamtverzeichnis:**
in Ihrer Buchhandlung oder direkt bei Ernst Klett Verlag,
Postfach 10 60 16, 70049 Stuttgart

Friedhelm Hülshoff / Rüdiger Kaldewey

# Training

# Erfolgreich lernen und arbeiten

**Techniken und Methoden geistiger Arbeit**

Lösungen der Aufgaben und Tests

Ernst Klett Verlag
Stuttgart Düsseldorf Leipzig

**Inhalt**

Aufgabe 1: Tagesmerkzettel .................................. 3
Aufgabe 2: Aufnahmebogen auswerten ...................... 3
Aufgabe 3: Wochenplan entwerfen .......................... 3
Aufgabe 4: Wochenpläne auswerten ......................... 5
Aufgabe 5: Arbeitsplatz überprüfen .......................... 5
Aufgabe 6: Arbeitsmaterialien überprüfen ................... 5
Aufgabe 7: Liste der Zusatzausstattung erstellen ............ 6
Aufgabe 8: Informationen suchen und auswerten ........... 6
Aufgabe 9: Mitschriften prüfen ............................... 6
Test 1: Selbstbefragung zum Lernprofil ................. 6
Aufgabe 10: Mitschriften vergleichen ......................... 6
Aufgabe 11: Ergebnisprotokoll verfassen ..................... 7
Aufgabe 12: Störfaktoren vermeiden .......................... 7
Test 2: Selbstbefragung zum Leseverhalten ............ 7
Aufgabe 13: Einen Text markieren ............................ 7
Aufgabe 14: Zeitplan Facharbeit .............................. 9
Aufgabe 15: Gliederung verbessern .......................... 10
Aufgabe 16: Referatseinstieg .................................. 10
Aufgabe 17: Stichwortzettel .................................... 11
Aufgabe 18: Folien vergleichen ................................ 11
Aufgabe 19: Folien gestalten ................................... 12
Aufgabe 20: Gedankenflußplan ................................ 14

Alle Rechte vorbehalten
Fotomechanische Wiedergabe nur mit Genehmigung des Verlages
© Ernst Klett Verlag für Wissen und Bildung GmbH, Stuttgart 1994
Beilage zu 3-12-892020-6

**Aufgabe 1: Tagesmerkzettel**

Mi., den 6. 11. 19..

Auf dem Heimweg besorgen:
– Konzeptpapier, Kugelschreiberminen, Radiergummi, Büroklammern
– Rock aus der Reinigung abholen

Hausaufgaben:
– Physik S. 20–23 durcharbeiten
– Englische Übersetzung
– Gliederung für Hausaufsatz (Freitag) konzipieren

18 Uhr: Klavierstunde
19.30 Uhr: Wichtige Anrufe erledigen

evtl. Lektüre für Deutsch


**Aufgabe 2: Aufnahmebogen auswerten**

Die Untersuchung führt zu folgenden Ergebnissen:
1. Die schulbezogenen Tätigkeiten außerhalb des Unterrichts sind unzureichend.
2. Gerade unter Berücksichtigung des Autokaufs hätte der Schüler, anstatt nachmittags zu schlafen und ausführlich Kaffee zu trinken, 1 1/2 Stunden Zeit für Hausaufgaben aufbringen können, ohne auf den festen Sporttermin verzichten zu müssen.
3. Der Schüler verzettelt sich und arbeitet zu wenig, weil er es versäumt, Prioritäten zu setzen und zusammenhängende Arbeitsphasen einzuplanen.


**Aufgabe 3: Wochenplan entwerfen**

Fallbeispiel A:

Über den Unterricht der Oberstufe hinaus geht Julia Beschäftigungen nach, auf die sie nicht verzichten möchte. Ihre sinnvolle Zeitplanung ermöglicht es ihr, Anforderungen der Schule, Hobbys, Aufbesserung des Taschengeldes und Freizeit in ein ausgewogenes Verhältnis zu bringen.
– Sie plant für Hausaufgaben und Vorbereitung des Referats täglich ca. zwei bis drei Strunden.
– Diese Arbeitszeiten sind zusammenhängend.

- Die geplanten Arbeitszeiten entsprechen ihrem Lebensrhythmus und stehen im Wechsel mit Freizeit und Erholungszeit.
- Der Plan enthält Raum für Unvorhergesehenes.
- Julia hat mit den Eltern vereinbart, daß ihre Arbeitszeiten nach Möglichkeit nicht durch andere Aufgaben unterbrochen werden. In der übrigen Zeit steht sie natürlich auch für notwendige häusliche Tätigkeiten zur Verfügung.

**Wochenplan von Julia:**

| Stunde/Zeit | Montag | Dienstag | Mittwoch | Donnerstag | Freitag | Samstag |
|---|---|---|---|---|---|---|
| 1. | Englisch | Geschichte | / | Spanisch | Deutsch | / |
| 2. | Englisch | Geschichte | Ethik | Spanisch | Deutsch | / |
| 3. | / | Mathe. | Franz. | / | Mathe. | Franz. |
| 4. | Deutsch | Mathe. | Franz. | / | Mathe. | Franz. |
| 5. | Physik | Franz. | Sport | Mathe. | Ethik | / |
| 6. | Physik | Span. | Sport | Geschichte | Engl. | Geschichte |
| 7. | / | / | Physik | / | / | / |
| 14–15 Uhr | | LK Kunst | Klavier | LK Kunst | | |
| 15–16 Uhr | Haus- | LK Kunst | Klavier | LK Kunst | Hausaufg. | Klavier |
| 16–17 Uhr | aufgaben | LK Kunst | | | Hausaufg. | Referat |
| 17–18 Uhr | Referat | Klavier bis | Hausaufg. | Hausaufg. | Referat | Referat |
| 18–19 Uhr | Volleyball | 18.30 | Referat | Hausaufg. | Freizeit | Freizeit |
| 19–20 Uhr | Volleyball | Hausaufg. | Baby- | | Freizeit | Freizeit |
| 20–21 Uhr | | | sitting | | | |
| 21–22 Uhr | | | Baby- | | | |
| 22–23 Uhr | | | sitting | | | |

Fallbeispiel B:

Thomas ist ein sportlicher und musisch begabter Schüler, der neben der Schule aktive Freizeitinteressen hat. Sein Unfall bringt ihn in die Schwierigkeit, Schule und außerschulische Interessen in Einklang zu bringen. Thomas erkennt das Problem; er arrangiert sich mit dem Tankstellenpächter, daß er bis zu den Sommerferien nicht zur Verfügung steht. Dadurch gewinnt er zwei Abende, die er zur Nacharbeitung des versäumten Schulstoffes nutzt. Den Autokauf muß er notgedrungen aufschieben. Indem er der Abiturvorbereitung den Vorzug gibt, setzt er die richtigen Prioritäten.

Überlegen Sie, wie unter diesen Bedingungen der Wochenplan von Thomas aussehen könnte!
Beachten Sie die Regel einer sinnvollen Planung!

**Wochenplan von Thomas während der Aufholphase:**

| Stunde/Zeit | Montag | Dienstag | Mittwoch | Donnerstag | Freitag | Samstag |
|---|---|---|---|---|---|---|
| 1. | Englisch | Geschichte | / | Spanisch | Deutsch | / |
| 2. | Englisch | Geschichte | Ethik | Spanisch | Deutsch | / |
| 3. | / | Mathe. | Franz. | / | Mathe. | Franz. |
| 4. | Deutsch | Mathe. | Franz. | / | Mathe. | Franz. |
| 5. | Physik | Franz. | Sport | Mathe. | Ethik | / |
| 6. | Physik | Span. | Sport | Geschichte | Engl. | Geschichte |
| 7. | / | / | Physik | / | / | / |
| 14–15 Uhr | | LK Kunst | Hausaufg. | LK Kunst | | |
| 15–16 Uhr | Haus- | LK Kunst | Hausaufg. | LK Kunst | Hausaufg. | Franz. |
| 16–17 Uhr | aufgaben | LK Kunst | | | Hausaufg. | Franz. |
| 17–18 Uhr | | | | Hausaufg. | | Referat |
| 18–19 Uhr | bis 19.30 | Hausaufg. | Mathe. | Hausaufg. | Mathe. | Freizeit |
| 19–20 Uhr | Mathe. | | | | Franz. | Freizeit |
| 20–21 Uhr | | | Franz. | Rock- | | Rock- |
| 21–22 Uhr | | | | gruppe | | gruppe |
| 22–23 Uhr | | | | | | |

## Aufgabe 4: Wochenpläne auswerten

Individuelle Lösungen

## Aufgabe 5: Arbeitsplatz überprüfen

Individuelle Lösungen

## Aufgabe 6: Arbeitsmaterialien überprüfen

Individuelle Lösungen

**Aufgabe 7: Liste der Zusatzausrüstung erstellen**

Individuelle Lösungen

**Aufgabe 8: Informationen suchen und auswerten**

Individuelle Lösungen

**Aufgabe 9: Mitschriften prüfen**

Individuelle Lösungen

**Test 1: Selbstbefragung zum Lernprofil**

Auswertung

27–30: Ihre Mitarbeit läßt kaum Wünsche offen.
21–26: Sie sollten Ihr Verhalten überprüfen und die genannten Lerntechniken trainieren, um Ihre Lernergebnisse zu verbessern.
15–20: Sie haben Mängel in der Arbeitshaltung, die Sie durch Selbstmotivation und Übung beseitigen müssen.
10–15: Sie haben erhebliche Mängel, die den Lernerfolg in Frage stellen.

**Aufgabe 10: Mitschriften vergleichen**

Die ausformulierte Mitschrift zeigt folgende Mängel:
– fehlende Blattaufteilung (vgl. Formblatt),
– mangelhafte Strukturierung des Textes,
– keine konsequenten Markierungen,
– ausgeführte Sätze statt Stichworten und Zusammenfassungen,
– für die Wiederholung wenig geeignet,
– keine Zusammenfassungen und Anmerkungen,
– keine Literaturangaben.

Die hier beschriebenen Nachteile hat der Verfasser der stichwortartigen Mitschrift vermieden.

## Aufgabe 11: Ergebnisprotokoll verfassen

Protokoll der Deutsch-Stunde vom 5. April 19..
Ort: Schule, Kurs 12/1
Anwesende: Herr Dr. Müller und alle Kursteilnehmer
Entschuldigt: Helmers (krank); und Heßberger (beurlaubt)

| | |
|---|---|
| TOP 1: | Protokoll der letzten Deutschstunde |
| TOP 2: | Das Unterrichtsprotokoll |
| zu TOP 1: | Jürgen Großmann verliest das Protokoll der letzten Deutschstunde. |
| zu TOP 2: | a) Unterrichtsprotokolle sind grundsätzlich in zusammenhängender Darstellung abzufassen. |
| | b) Die Stundenergebnisse können in systematischer Ordnung oder gemäß zeitlichem Ablauf protokolliert werden. Welche Form geeigneter ist, hängt vom jeweils behandelten Stoff ab. |
| | c) Der Protokollführer ist in der Regel neutraler Referent der Unterrichtsergebnisse. Wenn er seine eigene Meinung einbringt, muß diese als solche kenntlich gemacht werden. |
| | d) Die Darstellungsform des Protokolls entspricht dem Stil der Inhaltsausgabe. Es muß grundsätzlich knapp und klar sein. |

Klaus Dölling

## Aufgabe 12: Störfaktoren vermeiden

Individuelle Lösungen

## Test 2: Selbstbefragung zum Leseverhalten

Die Auswertung des Fragebogen zeigt Ihnen, welche Schwächen Sie ggf. ausgleichen sollten.

## Aufgabe 13: Einen Text markieren

Aus drucktechnischen Gründen können hier die zentralen Begriffe nur mit Unterstreichungen wiedergegeben werden. In Ihrer Lösung sollten Sie mit einem Marker gekennzeichnet sein.

Ein Blick auf den Brief des
Geschäftspartners:
sofort erkennt man den
Kern des Anliegens.
Ein Blick auf den Bericht
des Mitarbeiters:
alle wesentlichen Punkte
sind hervorgehoben.
Ein Blick auf die Eilnotiz:
die verabredete Farbe
ordnet sie sofort dem
richtigen Aufgabenbe-
reich zu.
Ein Blick in den Kalender:
besonders wichtige Ter-
mine signalisieren ihre
Bedeutung. Verschiedene
Farben kennzeichnen be-
stimmte Terminarten.
Ein Blick auf die Statistik:
die entscheidenden Werte
springen ins Auge.
Ein Blick auf die Liste von
Vorschlägen: die brauch-
baren Ideen stechen her-
vor.

Ein Blick auf den Entwurf:
Verwendbares und zu Än-
derndes sind durch ver-
schiedene Farben deut-
lich gekennzeichnet.
Ein Blick auf das Protokoll:
das Interessante und Be-
treffende hebt sich ab.
Ein Blick auf die Vortragskopie: Gliederung und
Aufbau werden durch die
wichtigsten Stichwörter
erfaßt.
Ein Blick in den Textteil
des Fachbuches: die ge-
suchte Definition wird
schnell gefunden.
Ein Blick in das Sachver-
zeichnis: alle interes-
sierenden Stichwörter
sind hervorgehoben.
Ein Blick ins Inhaltsver-
zeichnis der Zeit-
schrift: die interessi-
renden Beiträge bieten
sich an.
Ein Blick in die Zeitung:
was wichtig ist, hebt
sich leuchtend hervor.

# Aufgabe 14: Zeitplan Facharbeit

## Zeitraster – Arbeitsplan – Arbeitsschritte

| Wochen | 15. | 16. | 17. | 18. | 19. | 20. | 21. | 22. | 23. |
|---|---|---|---|---|---|---|---|---|---|

Arbeitsschritte

1. Ausgabe des Themas — 14. 4. 94

2. Stoff- und Literatursammlung/ empirische Untersuchungen — ca. 18. Tage

3. Literaturauswertung — ca. 22 Tage

4. Niederschrift und Überarbeitung des Rohentwurfs — ca. 12 Tage

5. Erstellung der Reinschrift des Rohentwurfs — ca. 8 Tage

6. Bindearbeiten — ca. 3 Tage

7. Zeitreserve — ca. 5 Tage

---

Anmerkungen:
Die Arbeitsschritte 1 und 2 bzw. 2 und 3 verlaufen parallel. Die Arbeitsschritte 4, 5 und 6 folgen nacheinander.

**Aufgabe 15: Gliederung verbessern**

Die Gliederung weist folgende Mängel auf:
1. Sie ist gemessen an der Textlänge zu umfangreich.
2. Nicht alle Gliederungspunkte stehen in einem logischen Zusammenhang (z. B. 6.3 und 6.3.1; 6.4 und 6.4.1, 6.4.2).
3. Über- und untergeordnete Gesichtspunkte werden gleichgesetzt (z. B. 6.3 und 6.3.1).
4. Die Gliederungspunkte sind stilistisch unterschiedlich formuliert: als nominale Ausdrücke, unvollständige und vollständige Fragesätze.
5. Klassifikation ist uneinheitlich (6.1.2.2 und 6.1.2.a, 6.1.2.b).
6. Der Aufbau des gesamten Kapitels ist nicht hinreichend strukturiert.

Eine Mustergliederung könnte so aussehen:

6. Hausaufgaben: Unerläßlich, aber ...?
6.1 Warum Hausaufgaben?
6.2 Wann Hausaufgaben?
6.3 Wieviel Zeit für Hausaufgaben?
6.4 Wie Hausaufgaben erledigen?


**Aufgabe 16: Referatseinstieg**

Einen gelungenen Einstieg zu diesem Thema „Leben und Werk von Karl Marx" haben wir bei Weischedel, Wilhelm: Die philosophische Hintertreppe, 34 Philosophen im Alltag und Denken, S. 297 gefunden.
„Wie würde die Welt heute aussehen, wenn Karl Marx seinen ursprünglichen Lebensplan ausgeführt hätte? Der junge Marx hält sich nämlich für einen geborenen Dichter, und es sind auch einige Erzeugnisse seiner Muße auf uns gekommen. Sie tragen hochpoetische Titel, wie etwa Lied der Elfen, Lied der Gnomen oder Lied der Sirenen; kurz es ist eitel mythologischer Singsang. Ein besonders herzerweichendes, wenn auch tieftrauriges Gedicht ist betitelt Schicksalstragödie. Es lohnt sich, daraus einige Strophen zu zitieren:
*Das Mägdlein steht da so bleich,*
*so stille und verschlossen;*
*die Seele, engelweich,*
*ist trüb und verschlossen*
*...*

*Sie war so fromm, so mild,
dem Himmel ergeben,
der Unschuld seliges Bild,
das Grazien weben.*

*Da kam ein Ritter her
auf prunkendem Rosse,
im Auge ein Liebesmeer
und Glutgeschosse.*

*Das traf so tief in die Brust;
doch er zog von dannen,
hinstürmend in Kriegeslust;
nichts mag ihn bannen.*

Aber Marx findet auch andere Töne:
*Die Welten heulen ihren eigenen Totengesang, und wir sind die Affen eines toten Gottes."*
© by Nymphenburger Verlag in der F. A. Herbig Verlagsbuchhandlung GmbH, München

Dies ist eine Musterlösung, die uns besonders gelungen erscheint. Sie ist überraschend, vergnüglich und erweckt die Neugier der Zuhörer. Natürlich gibt es andere Möglichkeiten, die eine ähnliche Wirkung erzeugen.

### Aufgabe 17: Stichwortzettel anlegen

Individuelle Lösungen

### Aufgabe 18: Folien vergleichen

Fehler im linken Bild:

1) unpräziser Titel
2) zu große Zahlen auf der y-Achse
3) vertikale Beschriftung schlecht lesbar
4) Rasterlinien zu dick und verwirrend
5) Kurven zu dünn und schwer zu unterscheiden
6) Legende außerhalb des Bildes anstatt an den Variablen
7) Verzicht auf eine wichtige Information (Streik)

**Aufgabe 19: Folien gestalten**

Die 10 Regeln aus der Buchvorlage auf eine Folie zu kopieren, ist keine gute Lösung. Die vorgeschlagene Lösung versucht, die Gedanken zu visualisieren und damit beim Zuhörer Aufmerksamkeit zu erwecken. Wenn man diese Folie(n) schrittweise vor den Zuhörern aufdeckt, kann man mit Aufmerksamkeit rechnen.

---

Gedankenfolge entwickeln

Stichwortzettel anlegen

Definitionen

≡

1. Sprechversuch (Mikrofon)

Fehlerkorrektur

Medieneinsatz

Stichwortzettel korrigieren

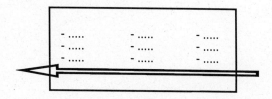

2. Sprechversuch (einer spricht vor der Gruppe)

## Aufgabe 20: Gedankenflußplan erstellen

**Warum Zeitplanung?**

**Mängelbeseitigung**
- Mühe, mit der Arbeit wirklich zu beginnen
- Mißerfolge infolge nicht sinnvoll genutzter Zeit
- unzweckmäßige Zeiteinteilung

**Hilfsmittel und Regeln zur Zeitplanung**

**Hilfsmittel**
- Tagesmerkzettel
- Pinnbrett
- Jahreskalender
- Aufgabenbuch
- Taschen- oder Faltkalender

**Regeln**
- realistische Planung
- feste Arbeitszeiten
- Einhalten des Planes
- Berücksichtigung von Zeitreserven
- sinnvolle Zeitplanung

**Selbstkontrolle: Zeiteinteilung**

**Sinnvolle Zeiteinteilung**
- zusammenhängende Lernphasen
- richtig plazierte Erholungsphasen
- ausreichende Schlafzeiten
- genügend Zeit für Mahlzeiten
- Zeitreserven

**Zeitpläne**
- langfristige Planung: Kollegstufen- und Studienpläne
- mittelfristige Planung: Halbjahres- und Semesterpläne
- kurzfristige Planung: Monats-, Wochen- und Tagespläne

**Vorteile des Zeitplans**

- Zeitökonomie
- Steigerung der Motivation
- Abbau von Streß
- rechtzeitige Beschaffung von Arbeitsmaterial
- Erledigung von Teilaufgaben und Tätigkeiten in logischer Zeitabfolge
- Gewinn geplanter Freizeit

Friedhelm Hülshoff / Rüdiger Kaldewey

# Training
# Erfolgreich lernen und arbeiten

## Techniken und Methoden geistiger Arbeit

**Formblätter:**

Formblatt 1: Aufnahmebogen

Formblatt 2: Auswertungsbogen

Formblatt 3: Wochenplan/Checkliste Wochenplan

Formblatt 4: Checkliste Arbeitsplatz

Formblatt 5: Checkliste Arbeitsmaterial

Formblatt 6: Testbogen zum Lernprofil

Formblatt 7: Mitschriften

Formblatt 8: Sitzungsprotokoll

Formblatt 9: Unterrichtsprotokoll

Formblatt 10: Testbogen zum Leseverhalten

Formblatt 11: Checkliste Gliederung

Formblatt 12: Checkliste Prüfungsvorbereitung

# FORMBLATT 1

 **Aufnahmebogen**

| Klasse: | Nr.: | Beobachter: männl. weibl. |
|---|---|---|
| Beginn/Studie: | Ende/Studie: | |
| Blatt-Nr.: | Tätigkeiten | Art | Zeit in Stunden/ Minuten |
| Tag: | | | |
| Uhrzeit: von/bis | | | |

| I | schulbezogene Tätigkeiten |
|---|---|
| I 1: | Schule/Unterricht |
| I 2: | Hausaufgaben – schriftl. |
| I 3: | Hausaufgaben – mündl. |
| I 4: | Lektüre – Schule |
| I 5: | Schulweg |

| 1 | 2 | 3 | 4 | 5 | 6 | 7 | Summe |
|---|---|---|---|---|---|---|---|
|   |   |   |   |   |   |   |   |

| II | Sonstige Tätigkeiten |
|---|---|
| II 1: | Schlafen |
| II 2: | Essen |
| II 3: | Hygiene |
| II 4: | TV, Radio, Phono, Kino/Theater, Lektüre |
| II 5: | Hobby/Sport |
| II 6: | Geselligkeit, Club, Verein |
| II 7: | andere Tätigkeiten, z.B. Hilfe im Haushalt, Familie, „Gammeln" |

| 1 | 2 | 3 | 4 | 5 | 6 | 7 | Summe |
|---|---|---|---|---|---|---|---|
|   |   |   |   |   |   |   |   |

Beilage zu Hülshoff/Kaldewey, Training Erfolgreich lernen und arbeiten (89202)
© Ernst Klett Verlag für Wissen und Bildung GmbH, Stuttgart 1994

# FORMBLATT 2

 **Auswertungsbogen**

| Bezeichnung | Tätigkeit | Mo | Di | Mi | Do | Fr | Sa | So | Mo | Di | Mi | Σ | Ø |
|---|---|---|---|---|---|---|---|---|---|---|---|---|---|
| I.1 | Schule/Unterricht | | | | | | | | | | | | |
| I.2 | Hausaufgaben – schriftlich | | | | | | | | | | | | |
| I.3 | Hausaufgaben – mündlich | | | | | | | | | | | | |
| I.4 | Lektüre – Schule | | | | | | | | | | | | |
| I.5 | Schulweg | | | | | | | | | | | | |
| II.1 | Schlafen | | | | | | | | | | | | |
| II.2 | Essen | | | | | | | | | | | | |
| II.3 | Hygiene | | | | | | | | | | | | |
| II.4 | TV, Radio, Phono, Kino/Theater, Lektüre | | | | | | | | | | | | |
| II.5 | Hobby, Sport | | | | | | | | | | | | |
| II.6 | Geselligkeit, Club, Verein | | | | | | | | | | | | |
| II.7 | andere Tätigkeiten, z.B. Hilfe im Haushalt, Familie, „Gammeln" | | | | | | | | | | | | |

Beilage zu Hülshoff/Kaldewey, Training Erfolgreich lernen und arbeiten (89202)
© Ernst Klett Verlag für Wissen und Bildung GmbH, Stuttgart 1994

**FORMBLATT 3a**

 **Wochenplan**

| Stunde/Zeit | Montag | Dienstag | Mittwoch | Donnerstag | Freitag | Samstag |
|---|---|---|---|---|---|---|
| 1. | | | | | | |
| 2. | | | | | | |
| 3. | | | | | | |
| 4. | | | | | | |
| 5. | | | | | | |
| 6. | | | | | | |
| 7. | | | | | | |
| 14–15 Uhr | | | | | | |
| 15–16 Uhr | | | | | | |
| 16–17 Uhr | | | | | | |
| 17–18 Uhr | | | | | | |
| 18–19 Uhr | | | | | | |
| 19–20 Uhr | | | | | | |
| 20–21 Uhr | | | | | | |
| 21–22 Uhr | | | | | | |
| 22–23 Uhr | | | | | | |

Beilage zu Hülshoff/Kaldewey, Training Erfolgreich lernen und arbeiten (89202)
© Ernst Klett Verlag für Wissen und Bildung GmbH, Stuttgart 1994

**FORMBLATT 3b**

 ## Checkliste Wochenplan

| Kontrollfragen | ja | nein | Verbesserungsmöglichkeiten |
|---|---|---|---|
| 1. Entspricht die Zeiteinteilung meinen Zielvorstellungen? | | | |
| 2. Entspricht der Zeitaufwand für die einzelnen Tätigkeiten ihrer Wichtigkeit? | | | |
| 3. Ist der Zeitaufwand den Tätigkeiten angemessen (zu hoch – zu niedrig)? | | | |
| 4. Stehen Lernphasen, Pausen und Freizeit in einem richtigen Verhältnis der Abfolge zueinander? | | | |
| 5. Ist der Zeitplan ausreichend flexibel und realistisch? | | | |
| 6. Gewinne ich durch die Zeitplanung befriedigende Arbeitsergebnisse und arbeitsfreie Freizeitphasen? | | | |
| 7. Wende ich zur Arbeitsbewältigung geeignete Arbeitsmethoden an? | | | |

Beilage zu Hülshoff/Kaldewey, Training Erfolgreich lernen und arbeiten (89202)
© Ernst Klett Verlag für Wissen und Bildung GmbH, Stuttgart 1994

**FORMBLATT 4**

 **Checkliste Arbeitsplatz**

|  | Mängel ||  Vorgesehene Abhilfen |
|---|---|---|---|
|  | ja | nein |  |
| Raum und Arbeitsplatz<br>– Schreibtisch<br>– Stuhl<br>– Beleuchtung<br><br>Störfaktoren<br>im Bewußtsein<br>– Besuche<br>– Telefonanrufe<br>– Besorgungen<br>– Sonstiges<br><br>Störfaktoren<br>im Randbewußtsein<br>– akustische:<br>  – Musik<br>  – Unterhaltung anderer<br>  – sonstiger Lärm<br><br>– visuelle:<br>  – bewegte Personen<br>  – persönliche Gegenstände<br>  – anderes<br><br>– klimatische:<br>  – Temperatur<br>  – Zugluft |  |  |  |

Beilage zu Hülshoff/Kaldewey, Training Erfolgreich lernen und arbeiten (89202)
© Ernst Klett Verlag für Wissen und Bildung GmbH, Stuttgart 1994

FORMBLATT 5

 **Checkliste Arbeitsmaterial**

| Arbeitsmaterial | vorhanden | | Anschaffung geplant bis |
| --- | --- | --- | --- |
| | ja | nein | |
| Papier | | | |
| – Schreibmaschinenpapier | x | | |
| – Kohlepapier | | x | Ende dieser Woche |
| – … | | | |
| – … | | | |
| – … | | | |

Beilage zu Hülshoff/Kaldewey, Training Erfolgreich lernen und arbeiten (89202)
© Ernst Klett Verlag für Wissen und Bildung GmbH, Stuttgart 1994

**FORMBLATT 6**

## Testbogen zum Lernprofil

|  | Diese Aussage | | |
|---|---|---|---|
|  | trifft für mich zu | trifft für mich kaum/ teilweise zu | trifft für mich nicht zu |
| 1. Es fällt mir schwer, Unterricht, Seminar und Übung in ihrem Wert richtig einzuschätzen. | 1 | 2 | 3 |
| 2. Ich würde meine Teilnahme an Lehrveranstaltungen eher als passiv bezeichnen. | 1 | 2 | 3 |
| 3. Ich bereite mich regelmäßig auf Lehrveranstaltungen vor. | 3 | 2 | 1 |
| 4. Es fällt mir schwer, dem Unterricht, einer Vorlesung, einem Vortrag, einem Referat zu folgen und das Wesentliche zu verstehen. | 1 | 2 | 3 |
| 5. Es fällt mir schwer, mir während der Vorlesung, dem Vortrag oder dem Unterricht Notizen zu machen (= mitzuschreiben). | 1 | 2 | 3 |
| 6. Es fällt mir leicht, meine Notizen auch nachher noch zu verstehen und mit ihnen zu arbeiten. | 3 | 2 | 1 |
| 7. Es fällt mir schwer, in Unterricht, Vorlesung und Vortrag aktiv mitzuarbeiten. | 1 | 2 | 3 |
| 8. Es fällt mir schwer, Protokolle von Besprechungen und Diskussionen zu erstellen. | 1 | 2 | 3 |
| 9. Ich kenne den Unterschied von Verlaufs- und Ergebnisprotokollen. | 3 | 2 | 1 |
| 10. Ich kenne unterschiedliche Formen von Arbeitspapieren für Kurs- und Seminararbeiten. | 3 | 2 | 1 |
| Gesamtpunktzahl: | | | |

Beilage zu Hülshoff/Kaldewey, Training Erfolgreich lernen und arbeiten (89202)
© Ernst Klett Verlag für Wissen und Bildung GmbH, Stuttgart 1994

**FORMBLATT 7**

 **Mitschriften (Checkliste)**

| Kurs/Kolleg: | Stichwort: | Datum: |
|---|---|---|
| ○ ○ | – Notizen<br>– Tafelanschriften<br>– Gesprächsergebnisse<br>– Diktate<br>usw. | – Seitenangaben zu Lehr-<br>büchern und Lektüre/Texten<br>(interpretierte Stellen)<br>– Fragen<br>– Korrekturen<br>– Schlagwörter<br>– Schlüsselbegriffe<br>– Zusammenfassungen<br>– Lernmaterial<br><br>– Abkürzungen<br>  (?) : unklar<br>  ! : wichtig<br>  F : Frage notwendig<br>  Zus.: Zusammenfassung<br>  W : Wichtiger Lernstoff |
| | – eigene Gedanken<br>– Querverweise<br>– Ergänzungen aus der Privatlektüre | |

Beilage zu Hülshoff/Kaldewey, Training Erfolgreich lernen und arbeiten (89202)
© Ernst Klett Verlag für Wissen und Bildung GmbH, Stuttgart 1994

**FORMBLATT 8**

 ***Sitzungsprotokoll***

**Protokoll
über die Sitzung des** _____ **am** _____
**Ort:**
**Anwesende:**
**Beginn der Sitzung:**
**Tagesordnung:**     TOP 1:
                     TOP 2:
                     TOP 3:
                     *usw.*

Zu TOP 1:

_____

_____

_____

Ergebnis:

Zu TOP 2:

_____

_____

_____

Ergebnis:
*usw.*

Ende der Sitzung:

Der Protokollführer:                              Der Vorsitzende:

Beilage zu Hülshoff/Kaldewey, Training Erfolgreich lernen und arbeiten (89202)
© Ernst Klett Verlag für Wissen und Bildung GmbH, Stuttgart 1994

**FORMBLATT 9**

 **Unterrichtsprotokoll (Checkliste)**

Staatliches Gymnasium _____

Fach: _____
Schuljahr 19 _____ – _____ Halbjahr

Kurs: _____ Thema _____

**Protokoll der Stunde vom** _____ 19____

**Thema der Stunde:**

1. gelesene Texte/Referat/Bild/anderes Medium
   (Autor, Titel des Mediums, Quelle)

2. Interpretationsergebnisse/Inhalt des Referates/des Vortrags
   (Kurzfassung/Zwischenergebnisse)

3. Zusammengefaßte Diskussionsergebnisse

4. Tafelanschriften

5. Literaturhinweise

6. Zusammenfassung/Ergebnisse

Der Protokollführer

Unterschrift

# FORMBLATT 10

 **Testbogen zum Leseverhalten**

**Fachliteratur rationell erarbeiten**

|  | Dieses Gebiet bereitet mir: | | |
|---|---|---|---|
|  | sehr große | einige | keine |
|  | Schwierigkeiten | | |
| – Rasch zu lesen und trotzdem den Inhalt aufzunehmen. | | | |
| – Die Absichten des Verfassers zu erkennen. | | | |
| – Das Wesentliche eines Artikels oder eines Fachbuches vom Unwesentlichen zu unterscheiden. | | | |
| – Von Artikeln und Texten Notizen zu machen, die das Wichtigste knapp zusammenfassen. | | | |
| – Zu behalten, was ich gelesen habe. | | | |
| – Kritisch zu lesen, Texte zu beurteilen, die Zuverlässigkeit von Informationen abzuschätzen. | | | |
| – Durch Markierungen einen Text zu strukturieren. | | | |
| – Exzerpte zu erstellen. | | | |
| – Zu wissen, wie man unterschiedliche Textsorten mit unterschiedlichen Lesetechniken erschließt. | | | |
| – Karteikarten mit Exzerpten anzulegen. | | | |
| – Informationen in Büchern und Bibliotheken zu finden. | | | |

**FORMBLATT 11**

 ## *Checkliste Gliederung*

| Beurteilungskriterien | Korrekturen |
|---|---|
| **1. Umfang der Gliederung**<br>– zu umfangreich<br>– zu differenziert<br>– zu knapp, zu wenig differenziert<br>  (z. B. nur Hauptpunkte) | |
| **2. Gliederungslogik**<br>Stehen die Gliederungspunkte mit den übergeordneten und untergeordneten in einem logischen Zusammenhang?<br>*Häufige Fehler:*<br>*Gleichsetzung von untergeordneten und übergeordneten Gliederungspunkten, z. B.*<br>3.<br>3.1 …<br>3.2: fehlt | |
| **3. Klassifikation**<br>Ist **ein** Klassifikationssystem einheitlich und logisch durchgehalten?<br>*Fehlerbeispiel:*<br>1.1<br>1.2<br>2.1<br>II.b | |
| **4. Übereinstimmung von Überschrift und Inhalt**<br>– Entspricht die Überschrift dem Inhalt?<br>– Bringt die Überschrift den Hauptgedanken richtig zum Ausdruck? | |
| **5. Übereinstimmung von Gliederung und Text**<br>– Werden die in der Gliederung aufgeführten Punkte auch im Text behandelt? | |
| **6. Stil**<br>Sind die einzelnen Gliederungspunkte stilistisch einheitlich formuliert? | |

Beilage zu Hülshoff/Kaldewey, Training Erfolgreich lernen und arbeiten (89202)
© Ernst Klett Verlag für Wissen und Bildung GmbH, Stuttgart 1994

**FORMBLATT 12**

 ## *Checkliste Prüfungsvorbereitung*

| Fach: _____ | Ist-Zustand | | | Soll-Zustand | | | | Soll-Zeit-Abstimmung |
|---|---|---|---|---|---|---|---|---|
| | Davon beherrsche ich: | | | Dazu benötige ich: | | | | |
| Prüfungsanforderungen Themenbereiche | vollständig | teilweise | nicht | Lehrbuch | Kap. Seite | Mitschrift | Sonst. Unterlagen | Geschätzter Zeitbedarf (Stunden) |
| | | | | | | | | Summe .......... <br> + Reserve .......... <br> (ca. 40–50%) <br> + Gesamtwiederholung .......... <br> Zeitbedarf <br> Total |

Beilage zu Hülshoff/Kaldewey, Training Erfolgreich lernen und arbeiten (89202)
© Ernst Klett Verlag für Wissen und Bildung GmbH, Stuttgart 1994